城市轨道交通操作岗位系列培训教材

URBAN
RAIL TRANSIT

Automatic Fare Collection System Repairman

城市轨道交通自动售检票系统检修工

主　编　陈　琦
副主编　赵　晗　郭瑞丽
主　审　王顺利

人民交通出版社股份有限公司
China Communications Press Co.,Ltd.

内 容 提 要

本书为城市轨道交通操作岗位培训教材,全书分为两篇,共七章,介绍了城市轨道交通自动售检票系统的基础知识及实际操作。内容包括:基础知识篇——城市轨道交通自动售检票系统概述及构成;实务篇——自动售检票设备维护、自动售检票通用维修工具及仪器仪表、自动售检票设备常见故障处理、自动售检票系统实验和自动售检票设备典型故障案例。

本书在编写上力求通俗易懂,注重物理概念的讲述和直观图形的分析,强调实际操作和应用。

为了便于读者理解本书每章节的学习目的和学习重难点,在各章开始部分都附有"岗位应知应会"模块,以供读者学习时参考。

本书可作为城市轨道交通相关从业人员的培训教材,也可供职业院校城市轨道交通相关专业学生学习使用。

图书在版编目(CIP)数据

城市轨道交通自动售检票系统检修工/陈琦主编. —北京:人民交通出版社股份有限公司,2017.8
城市轨道交通操作岗位系列培训教材
ISBN 978-7-114-13517-0

Ⅰ.①城… Ⅱ.①陈… Ⅲ.①城市铁路—轨道交通—售票—铁路自动化系统—检修—岗位培训—教材 Ⅳ.①U239.5

中国版本图书馆CIP数据核字(2016)第295007号

城市轨道交通操作岗位系列培训教材
书　　名:**城市轨道交通自动售检票系统检修工**
著 作 者:陈　琦
责任编辑:吴燕伶　卢　珊
出版发行:人民交通出版社股份有限公司
地　　址:(100011)北京市朝阳区安定门外外馆斜街3号
网　　址:http://www.ccpcl.com.cn
销售电话:(010)59757973
总 经 销:人民交通出版社股份有限公司发行部
经　　销:各地新华书店
印　　刷:北京交通印务有限公司
开　　本:787×1092　1/16
印　　张:12.5
插　　页:12
字　　数:270千
版　　次:2017年8月　第1版
印　　次:2022年8月　第3次印刷
书　　号:ISBN 978-7-114-13517-0
定　　价:40.00元

(有印刷、装订质量问题的图书,由本公司负责调换)

PREFACE 序

著述成书有三境：一曰立言传世，使命使然；二曰命运多舛，才情使然；三曰追名逐利，私欲使然。予携众编写此系列丛书，一不求"立言"传不朽，二不恣意弄才情，三不沽名钓私誉。唯一所求，以利工作。

郑州发展轨道交通八年有余，开通运营两条线 46.6 公里，各系统、设施设备运行均优于国家标准，服务优质，社会口碑良好。有此成效，技术、设备等外部客观条件固然重要，但是最核心、最关键的仍是人这一生产要素。然而，从全国轨道交通发展形势来看，未来五年人才"瓶颈"日益凸显。目前，全国已有 44 个城市轨道交通建设规划获得批复，规划总里程 7000 多公里，这比先前 50 年的发展总和还多。"十三五"期间，城市轨道交通发展将处于飞跃发展时期，相关专业技术人才将面临"断崖"处境。社会人才储备、专业院校输出将无法满足几何级增长的轨道交通行业发展需求。

至 2020 年末，郑州市轨道交通要运营 10 条以上线路，总里程突破 300 公里，人才需求规模达 16000 人之多。环视国内其他城市同期建设力度，不出此左右。振奋之余更是紧迫，紧迫之中夹杂些许担心。思忖良久，唯立足自身，"引智"和"造才"双管齐下，方可破解人才困局，得轨道交通发展始终，以出行之便、生活之利馈商都社会各界，助力国家中心城市和国际商都建设。

郑州市轨道交通通过校园招聘和订单班组建，自我培养各类专业技术人员逾 3000 人。订单班组建五年来，以高职高专院校的理论教学为辅，以参与轨道交通设计、建设和各专业各系统设备生产供应单位的专家实践教学为主，通过不断创新、总结、归纳，逐渐形成了成熟的培养体系和教学内容，所培养学生大都已成为郑州市轨道交通运营一线骨干力量。公司以生产实践经验为依托，充分发挥有关合作院校的师资力量，同时在设备制造商、安装商和设施设备维修维保商的技术支持下，编写了本套城市轨道交通操作岗位系列培训教材，希望以此建立起一套符合郑州市轨道交通运营实际且符合轨道交通行业发展水平的教材体系，为河南乃至全国轨道交通人才培养略尽绵薄之力。

教材编写过程中,得到了西南交通大学、大连交通大学、石家庄铁道大学、上海地铁维护保障有限公司、郑州铁路职业技术学院以及人民交通出版社股份有限公司的大力支持,在此一并表示感谢。

以羽扣钟,既有总结之意,也有求证之心,还请业内人士不吝赐教。

是为序。

张　洲

2016 年 10 月 21 日

FOREWORD 前言

随着社会的发展,我国城市化建设的速度越来越快,现代城市交通问题已成为各大城市的重大难题。在寻求解决这一难题办法的过程中,人们把目光逐渐聚焦在城市轨道交通上。城市轨道交通的优势不言而喻——改善交通困局、节省土地、优化城市区域布局、促进国民经济发展和改善市民生活质量等。近年来,城市轨道交通建设在我国的发展异常迅猛,各大城市都在如火如荼地建设。

自动售检票系统是城市轨道交通的重要组成部分,同时也是直接面向乘客的主要系统之一,该系统及设备状态直接影响乘客购票、过闸体验。为满足我国各大城市轨道交通蓬勃发展所引起的对自动售检票系统维护人才的需求,以及各大院校培养城市轨道交通自动售检票系统相关人才的需要,特组织编写本书。

本书是按照由理论到实践的思路编写的,强调全书的全面性、系统性,突出各章节的独立性。其内容既前呼后应、相互联系,又自成体系、相对独立;既可供读者全面、系统地学习,又便于读者有针对性地查阅与选学。

本书由陈琦担任主编,赵晗、郭瑞丽担任副主编,王顺利担任主审。其中,"学习指导"由易善国编写,第一章由郭瑞丽编写,第二章由赵晗编写,第三章由王炳银、魏鑫峰、李红亮、鲍盈果、张成编写,第四章由黄蕾蕾、杨小彦编写,第五章由李红亮、杨嘉、杨小彦编写,第六章由李诚龙、黄蕾蕾编写,第七章由吴永朋、符良昌编写,陈琦负责统稿。王顺利来自西南交通大学,其他人员来自郑州市轨道交通有限公司。

由于城市轨道交通自动售检票技术发展快、内容新,其相关资料收集齐全较为困难,加之编写人员技术水平和实践经验有限,错误与不足之处在所难免,敬请广大读者不吝赐教,提出宝贵意见,以便再版时修正。

本书编写过程中,得到西南交通大学、大连交通大学、石家庄铁道大学、上海地铁维护保障有限公司、郑州铁路职业技术学院以及人民交通出版社股份有限公司的大力支持,在此谨表示诚挚的感谢!

编　者

2016 年 10 月

INTRODUCTION 学习指导

一 岗位职责

自动售检票专业操作岗的工作人员所从事的是城市轨道交通自动售检票系统设备的安装调试、运行维护、操作检修、故障处理、技术改造等工作。其岗位职责包括安全职责和工作职责。

(一)安全职责

(1)对相应的生产工作负直接责任,做好生产第一现场的安全把控工作。

(2)保证安全生产的各项规章制度的贯彻执行。

(3)组织学习并落实公司的各项安全管理规定和安全操作规程。

(4)负责所辖范围内特种设备的安全管理工作,确保特种作业、特种设备操作人员持证上岗。

(5)参加公司组织的各项培训工作,努力提高业务技能水平,增强安全意识。

(6)定期开展自查工作,落实隐患整改,保证生产设备、安全装备、消防设施、救援器材和急救用具等处于完好状态,并能够正确使用这些设备和用具。

(7)及时反映生产过程中存在的各类问题,及时找到解决途径,以确保安全生产,保障人身、设备安全。

(8)负责自动售检票专业系统设备的巡视、维修维护以及应急抢险工作。

(二)工作职责

(1)积极学习安全政策和规章制度,参加各项安全操作规程培训;协助班组做好安全检查和其他各项安全工作。

(2)负责对车站自动售检票设备的日常巡视、值班,数据及故障统计、汇总、上报等工作。

(3)按计划对设备进行日常维护、检修和保养,参与设备的缺陷整改、整治工作。

（4）处理设备故障、配合进行设备抢修。

（5）积极参与班组建设，定期参加班组组织的各种会议。

（6）积极参与工班和科室开展的各种培训，不断提高个人业务水平和技术能力。

（7）积极完成上级领导交办的临时性工作任务，做好班组宣传工作，参与党、工、团组织的各项活动。

（8）科研技改：配合设备技改、工程整改等的工作开展实施。

（9）新线建设：参与新线介入工作，及时提报工程问题，并配合上级管理部门督促承包商进行整改；参与新线自动售检票设备的验收工作。

二 课程学习方法及重难点

原理篇要求在具有一定自动售检票相关基础知识的前提下，首先要熟悉自动售检票系统的组成，自动售检票系统中各种不同的设备及其作用；其次需要掌握自动售检票系统各设备的运行方式和原理；最后须掌握自动售检票系统业务以及与其他专业或部门的接口等。这为后续实务篇介绍的设备维护和故障处理打下了一定的理论基础。学习完实务篇的内容后，再回头看原理篇的相关知识，就会对设备有更进一步的了解和认识。

本书原理篇的学习难点是掌握设备的构成、工作原理，以及自动售检票系统实验，实务篇的难点是常见的故障处理和分析。这些内容要通过反复学习，并与日常的工作经验相结合，才能做到完全掌握。

三 岗位晋升路径

根据人员情况，满足职级要求（包括工作年限、职称、学历、绩效考评）的人员按照一定比例定期进行晋级。员工晋升序列如下。

（一）技术类职级序列

由低到高依次为：技术员、助理工程师、工程师一、工程师二、工程师三、主管。

（二）操作类序列

由低到高依次为：初级工、中级工、高级工一、高级工二、技师一、技师二、高级技师。

CONTENTS 目录

第一篇 基础知识篇

第一章　城市轨道交通自动售检票系统概述……2
第一节　城市轨道交通自动售检票系统简介……2
第二节　城市轨道交通自动售检票系统功能……3
第三节　城市轨道交通自动售检票系统现状及发展趋势……5
第四节　城市轨道交通自动售检票系统主要技术标准……9

第二章　城市轨道交通自动售检票系统构成……11
第一节　清分中心系统……11
第二节　线路中心计算机系统……17
第三节　车站计算机系统……30
第四节　车站终端设备……44
第五节　车票……76
第六节　培训系统……78
第七节　维修系统……79

第二篇 实务篇

第三章　自动售检票设备维护……82
第一节　自动售检票设备巡检流程及方法……82
第二节　线路中心设备维护……84
第三节　车站计算机系统设备维护……106
第四节　车站终端设备维护……116

第四章 自动售检票系统通用维修工具及仪器仪表 …… 140

第一节 常用维修工具 …… 140
第二节 常用仪器仪表 …… 143

第五章 自动售检票设备常见故障处理 …… 152

第一节 线路中心设备常见故障处理 …… 152
第二节 车站计算机设备常见故障处理 …… 153
第三节 供电系统设备常见故障处理 …… 154
第四节 紧急系统常见故障处理 …… 154
第五节 车站终端设备常见故障处理 …… 155

第六章 自动售检票系统实验 …… 164

第一节 BAN572 纸币模块测试平台搭建 …… 164
第二节 扇门 IAP 及固件下载 …… 168
第三节 TPU 程序下载 …… 170
第四节 读写器测试平台搭建 …… 170
第五节 Linux 平台 TSM 服务器搭建 …… 174

第七章 自动售检票设备典型故障案例 …… 179

第一节 线路中心系统典型故障案例 …… 179
第二节 车站计算机系统典型故障案例 …… 180
第三节 供电系统典型故障案例 …… 182
第四节 车站终端设备典型故障案例 …… 184

附录 城市轨道交通自动售检票系统检修工考核大纲 …… 187

参考文献 …… 188

第一篇 基础知识篇

第一章　城市轨道交通自动售检票系统概述

岗位应知应会

1. 了解自动售检票系统的概念、功能和当前主要使用的票卡模式。
2. 了解自动售检票系统采用的技术及行业发展现状、趋势及新技术的实现方式。
3. 了解我国自动售检票系统采用的主要技术标准。

重难点

无。

第一节　城市轨道交通自动售检票系统简介

自动售检票（Automatic Fare Collection System，简称 AFC）系统是一个基于计算机技术、网络技术、现代通信技术、自动控制技术、非接触式 IC 卡技术、大型数据库技术、机电一体化技术、传感技术、精密机械技术等多项高新技术于一体，完成购票、检票、计费、收费、统计全过程的自动化系统，主要由清分中心系统、线路中央计算机系统、车站计算机系统、车站 AFC 设备及车票组成，其五层架构如图 1-1 所示，图 1-2 为 AFC 各层之间的数据交互图。

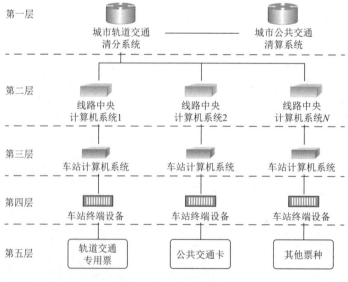

图 1-1　AFC 系统五层架构示意

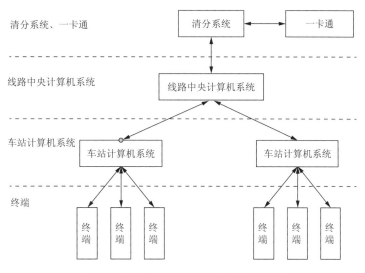

图 1-2 AFC 系统五层架构间的数据交互示意

国外经济发达城市的轨道交通,已普遍采用了这种管理系统,并发展到相当先进的技术水平。我国城市轨道交通车站的 AFC 设备,最初来自国外,但近年来我国已进行了大量的开发研制工作,提出了多种形式的产品,技术水平也在不断提高。国内轨道交通 AFC 系统的发展经历了从无到有的过程,随着计算机技术和软件技术的发展,我国城市轨道交通 AFC 系统技术已与城市一卡通接轨,实现了城市甚至城市间的一卡通。

第二节 城市轨道交通自动售检票系统功能

基于城市轨道交通 AFC 系统采用的各项高科技技术,使得售检票服务更加趋于自动化,降低了企业的人力、物力资源,并且为乘客在整个售检票体验过程中提供了高效、便捷的服务,而且可以有效防止各种假票、逃票现象的发生。同时,各种监控设备的启用,方便了对终端设备工作状态进行实时的检测与管理,提高了设备的工作效率。另外,AFC 系统中交易数据的实时插库保存,可以实现所有统计与结算的自动化管理,快速准确地得到所有票务信息,给科学决策及规范管理提供了依据。

一、售检票服务自动化,降低企业人工成本

轨道交通应用 AFC 系统后,车票售检、运费计价及客流统计工作均可由系统自动完成。AFC 设备取代了传统的人工工作,从而节省了人工成本。

二、为灵活机动的系统设备监控管理服务提供支撑

AFC系统对各个终端设备实行自动化的监测与管理。其中线路中央计算机系统、车站计算机系统不仅可以对设备的运行状态和通信状态进行实时监控，还可以将采集到的各种设备数据和客流数据进行及时、准确、全面的统计分析，从而为科学合理地制订运输计划提供了可靠依据。

三、为乘客提供高效便捷的售检票服务

高效的AFC设备，不仅为乘客提供方便快捷的售检票服务，还有助于提高服务效率，使车站客流的疏散不仅快速而且井然有序，同时降低了逃票率，保障了地铁公司的票务收益。

四、为经济高效的维修维护管理工作提供支撑

层次化、模块化设计，方便了维修资源以及维修管理系统的充分利用，并能实现反应快、修复快的效果。

五、为票务政策、运营调控、市场营销等提供科学的决策支撑

准确的客流及票务统计分析数据，通过乘客进、出站刷卡，可以精确记录乘客乘车的起、终点，准确掌握客流时、空分布规律，实时统计各条线路及各车站的客流量，从而为地铁运营组织提供基础数据，有助于更好地应对客流变化，及时调整运力、缓解拥挤，同时可以实现各条线路之间的票款清分。这些都为运营调控、市场营销、新线建设等提供了科学的决策依据，也为提高服务质量和信息处理能力创造了条件。

六、为良好的经济效益与社会效益提供双重保障

自动售票机不仅能够识别指定的硬币和纸币并退出伪币，还可以找零；当票盒无票或钱箱已满时能提示相关信息；在一定程度上节省了旅客的购票时间，同时大大减少现金交易、人工记账及统计等工作。因此，自动售票机在提升售票准确率和工作效率的同时还有助于精简人员，提高运营水平。此外，单程票和"一卡通"的循环使用，有利于资源利用和环保。

第三节 城市轨道交通自动售检票系统现状及发展趋势

一、发展历程

(一) AFC 系统终端设备的发展历史

1962 年,日本开始在铁路沿线车站使用自动售票机,此时发售的车票为条码票和硬质磁票。到了 1965 年,日本开始在铁路沿线车站大规模使用自动检票装置。1967 年,加拿大蒙特利尔市建成了世界上第一条使用联网结算功能的磁介质收费系统的公共交通,并于 20 世纪 70 年代初开始在其主要城市安装此类 AFC 设备。中国香港地铁 20 世纪 80 年代初建立了世界上第一条可循环使用磁卡票的系统,至 20 世纪 90 年代初,废弃磁卡票并改用非接触式 IC 卡。

国外主流的车票介质分为磁条式和 IC 芯片式,欧洲全部采用 IC 芯片车票,日本则是零售票采用磁条式,储值卡采用 IC 芯片式。目前全球非接触式 IC 卡(CCS 卡)产品主要有符合 ISO/IEC14443 Type C 标准的 PHILIPS 公司的 Mifare 产品,符合 ISO/IEC14443 Type B 标准的摩托罗拉、意法半导体公司的产品,符合 ISO/IEC14443 Type C 标准的 SONY 公司产品。此外,还包括不符合 ISO/IEC14443 标准的 LEGIC(tm)产品。如新加坡地铁完全使用 SONY 公司的 Type C 型 CSC 卡作为储值卡,东日本铁路公司(JR East)研制的 AFC 系统"Suica"也于 2001 年 11 月在日本东京地铁投入使用,此系统使用 SNOY 公司的 FeliCa(Type C)卡。

(二) AFC 系统的网络结构及发展

在设备的网络结构上,AFC 系统的发展呈现明显的三代技术特征:最早的电信网络、光纤通信普及,以后的 ATM、SDH 结构网络,以及国内从 2000 年以后开始普及的基于千兆以太网技术的 IP 网络。同时由于 ATM、SDH 等设备的保有量庞大,全部更换会造成极大的资源浪费,近些年又出现了 IP OVER SDH、IP OVER ATM 等新技术。

目前主流的 AFC 系统,从设备分布的集中度上大致可以分为三层。

(1) 终端设备层:主要包括自动售票机(Ticket Vending Machine,简称 TVM)、自动检票机(Auto Gate Machine,简称 AGM)、半自动售票机(Booking Office Machine,简称 BOM)、自动查询机等(Ticket Check Machine,简称 TCM),通常把这类直接面向乘客的设备统称为车站终端设备(Station Locale Equipment,简称 SLE)。该层设备主要通过超五类双绞线连接小型交换机,实现与车站计算机系统的通信。由于受制于双绞线的有效传输距离,一般在设备集中区域会设置多个交换机以组成树形网络。近些年随着光纤以太网交换机的普及,SLE

通信网络的结构简化为底层交换机,通关多模光纤与车站核心交换机直接连接,大大提升了网络的可靠性。终端设备层的传输网络承担着整个系统90%以上的日常工作,是日常维护维修工作的重点。

（2）车站层:主要包括车站计算机(Station Computer,简称SC)系统。这一层的主要工作是管理车站内各个终端设备、收集设备运行数据以及负责设备软件系统的维护和更新,整个AFC系统的业务数据皆来源于此。车站层和终端设备层的网络设备连接,共同组成了AFC系统底层的网络拓扑。

（3）线路层:主要包括线路中央计算机(Line Center Computer,简称LC)系统、维修中心计算机（Maintenance Computer,简称MC)、网络安全（Network Security,简称NS）系统等。这一层主要负责收集各个车站的SC系统的日常票务信息和故障统计并进行分析,另外还负责下发全线各个AFC设备的更新固件。同时,由于该层具备直接接入互联网的能力,因此还配有防火墙等NS设备。

在此三层结构之上是车票清分中心（AFC Clearing Center,简称ACC),该层主要工作是从LC层获取每日的票务信息,并将其中的城市卡等预储值卡的储值消费信息上传至该城市的一卡通公司进行票款的统计、核查和汇总等。由于该层主要面对的是一卡通公司,其设备的数据接口规范皆由一卡通公司制定,因此在分类上并不将其划归进AFC系统。

二、发展现状

国外的AFC系统出现于20世纪70年代,当时的AFC系统采用磁卡票,分为两类:① AFC系统包含自动进票装置和自动读取车票信息的设备,但是由于机械走行,设备需要大量的维护,导致系统造价非常昂贵,维护费用占到了系统造价的15%左右;②不包含自动进票装置的AFC系统,需要乘客把车票放入读票系统中,从而降低了维护费用,但是给初次使用该设备的乘客造成了很大的不便。

20世纪90年代,在韩国汉城,法国巴黎,澳大利亚悉尼,日本东京,新加坡,中国香港等地,出现了以非接触式IC卡为车票介质的AFC系统,系统在安全性、可靠性、读写速度等方面都具有很大的优势。

我国AFC系统的研究、开发起步较晚,但近年来的发展极为迅速,地铁、公交、铁路客运系统都对此有迫切的需求。国内一些研究单位和厂家都在积极进行这方面的研发。

2000年开通的深圳地铁,采用PHLIPS公司的非接触式IC卡作为储值车票载体,其符合ISO/IEC14443标准和ISO7811/1标准,存储容量为1L字节,独立分区数大于10个,每个分区PASSWORD数大于2个,通信时进行DES-3加密并进行3次以上的相互认证。数据改写次数大于10万次,保存时间大于10年。单程票出于造价考虑采用符合ISO/IEC14443标准和ISO7811/1标准的MF1/L卡,其容量为48字节,独立分区的PASSWORD数大于2个,通信时进行DES-3加密并进行3次相互认证。

北京地铁13号线的AFC系统采用双读卡器的方式,采用造价较低的磁卡票作为单程票,非接触式IC卡作为储值票使用,此方式降低了单程票的造价,减少了单程票被截留或套购的风险,但增加了系统维护费用,磁卡票与非接触式IC卡票的混用也在一定程度上降低了旅客的通行速度。北京地铁5号线全部采用非接触式IC卡作为车票介质,同时,到目前为止,国内其他各大城市的AFC系统也都普遍采用了非接触式IC卡技术。

三、发展趋势

(一)技术发展趋势

伴随着移动互联网和手机支付技术的快速发展,以及银行、运营商及第三方支付对移动支付应用的大力推广,手机支付的普及已经势不可挡。传统的支付消费产业正向全新的互联网金融业迈进。地铁AFC系统,也必将迎来一场巨大的技术变革,这一变革将会给乘客带来更加便利的购票和进站体验。

1. 线上购票、线下取票方式

乘客可以通过地铁的购票APP、微信公众号和支付宝城市服务等网络途径来购买地铁单程票。购票成功后,会在手机上自动生成购票二维码,乘客持购票二维码便可在车站互联网兑票机上换取单程票乘车。

2. TVM扫码支付功能

乘客在TVM上购票不再局限于钱币支付,还可以通过手机的微信或支付宝扫描TVM屏幕的二维码来完成支付。

3. 手机二维码刷码过闸

在传统闸机的基础上增加扫码枪,使闸机具有扫描二维码和验证二维码的功能。乘客通过手机购买单程票生成了购票二维码后,不需要再到车站互联网兑票机上换取纸质车票,只须让闸机扫描该二维码,验证通过后即可过闸。

4. NFC刷卡过闸

将具有NFC(Near Field Communication,近距离无线通信技术)功能的手机或智能终端作为票卡模式,乘客可以通过刷NFC终端来过闸。

5. 新技术在AFC系统中的应用情况

Apple Pay是苹果公司在2014年苹果秋季新品发布会上发布的一种基于NFC的手机支付功能,于2014年10月20日在美国正式上线。2015年6月8日,苹果公司在年度开发者大会上宣布,乘客可以使用iPhone中的Apple Pay支付交通费来乘坐伦敦地铁,苹果手机作为票卡刷闸机实现了进出站。

2015年12月21日,广州地铁在5号线"广州火车站"安装了一台可实现网上购票和扫码支付功能的云购票机,在2号线"广州南站"安装了一台可实现网上购票的云购票机供乘客试用。与传统购票机相比,云购票机不仅可以提前在网上购票,还可以减少现场购票时的现金找零麻烦,购票成功后凭生成的二维码在车站换票乘车,为乘客(尤其是外地乘客)提供了更多元化的购票服务体验。之后,广州地铁相继开通了40个车站的云购票功能。2016年2月4日,广州地铁又在广州市珠江新城核心区市政交通项目旅客自动输送系统(APM线)推出了"智慧闸机",乘客只须用手机购票生成的二维码即可实现"刷码过闸"。"智慧闸机"为乘客省去了换票环节,使出行更加省时省心。

2015年12月22日,深圳地铁携手腾讯、支付宝,选择客流量较大的"世界之窗站"和"会展中心站"作为试点车站实行了互联网购票,乘客只要进入"深圳地铁 metro"微信、手机QQ公众账号和支付宝城市服务即可购票,购票成功后获得取票二维码,当日内,凭该二维码到车站互联网购票终端取票后即可乘车。

2016年2月1日,郑州地铁开始了AFC互联网的应用和探索。前期选择了西流湖、碧沙岗、二七广场、会展中心和郑州东站作为试点车站,推出了手机APP购票功能,乘客通过手机APP购买地铁单程票,凭购票成功后生成的二维码即可在车站互联网兑票机上取票乘车。2016年6月1日,郑州地铁又推出了微信公众号和支付宝城市服务购票功能,乘客不需要下载APP即可购票,使互联网购票更加方便快捷。

随着移动互联网技术的发展和普及,可以看出,各城市轨道交通已逐渐开始把这些新技术应用到AFC系统当中。新技术的应用,不仅方便了乘客,同时也降低了城市轨道交通的运营和维护成本,相信在不久的将来,城市轨道交通AFC系统必定会迎来技术上的重大革新。

(二)建设发展趋势

当前国内多个城市掀起了轨道交通建设的热潮,为保证AFC系统的可持续发展,AFC系统建设逐步趋向标准化;面对巨大的AFC市场,众多国内厂商纷纷加入,AFC系统也将逐步国产化;互联网技术的飞跃发展,使得AFC系统不仅能提供售检票功能,还能为其他系统的智能化分析提供数据依据。

1. 标准化

国家标准化管理委员会在2007年发布并实施《城市轨道交通自动售检票系统技术条件》。这是我国首次制定的AFC系统国家标准,标志着我国AFC系统的标准化迈出了第一步。同时,国内各地城市轨道交通企业也在制定AFC系统各层设备细化的企业标准,如《轨道交通自动售检票系统公共接口规范》《线网读写器接口标准》《车站计算机与车站设备接口标准》《设备界面设计标准》等。标准化使AFC系统呈良性发展的趋势,可带来如下深远的影响。

(1)建立完善的产品测试验收流程,在AFC系统产品质量得到有效保证的前提下,可产生出一批有实力的国内供货商和高品质设备。

(2)使AFC系统新增与改造实现分段招标。

(3)为运营部门日后采用AFC系统国产化配件提供了标准。

(4)运营部门对 AFC 系统设备的使用和维护得以进入标准化时代。

(5)使设备功能具备可扩展性,随时满足运营工作出现的新变化、新要求。

2. 国产化

城市轨道交通 AFC 系统的国产化是城市轨道交通企业和供应商共同关注的问题。对于城市轨道交通企业来说,国产化能摆脱对国外供货商的技术依赖,降低建设与运营成本;对于供应商来说,特别是国外供货商,城市轨道交通 AFC 系统的国产化能使其更好地融入国内市场。当前国际知名的专业厂家为了能在中国市场占有较大的份额,纷纷与国内厂家联手,制造高品质的 AFC 系统 SLE。AFC 系统设备的国产化正在逐步推进,国产率普遍达到 50% 以上,一些核心部件也正在逐步实现国产化。但是,也应该清醒地看到,AFC 系统完全国产化的道路还十分漫长。国内目前还没有非常成熟的城市轨道交通 AFC 系统的软件开发商。原因在于此类开发商必须具备丰富的票务管理经验并将其融入程序设计,而不是简单地按城市轨道交通企业的需求编程序。目前,国外的专业厂家对软件设计并没有开放,导致用户在项目的维护和升级方面对其依赖性很强,而国内厂家也暂时无法给予很有效的帮助。可以预见,国内的 AFC 系统设备厂家和系统集成商会与国外的知名厂家主动寻找合作机会,弥补国内 AFC 系统开发能力不足而导致的缺陷,逐渐使 AFC 系统国产化得以全面实现,将是国内 AFC 系统发展的长期趋势。而这种国产化的实现将会有效地缓解目前 AFC 系统在运行维护和更新改造中的资金压力。

3. 智能化

智能化是 AFC 系统近几年来的最新发展趋势。AFC 系统第五层——ACC 层的建立除了实现日常的结算业务外,更重要的是实现系统内所汇集的各类票务数据的有效整合,利用商业智能(Business Intelligence,简称 BI)技术将城市轨道交通企业中现有的数据转化为依据,帮助企业各业务部门做出明智的业务经营决策。如:帮助车务部门分析决策乘客分流方案,帮助营销部门分析决策票价优惠方案,帮助资源部门分析决策资源营销方案,帮助财务部门分析决策财务收支方案等。而在过去,这些都是由各专业领域人才完成的。随着人工智能(Artificial Intelligence,简称 AI)技术的不断发展与成熟,其在 AFC 系统各层的应用将会不断地延伸,使 AFC 系统不但具有高度的自动化,而且具有高度的智能化。

第四节 城市轨道交通自动售检票系统主要技术标准

目前,城市轨道交通 AFC 系统有两个国家现行专用标准和一个行业标准,两个国家专用标准分别为《城市轨道交通自动售检票系统工程质量验收规范》(GB 50381—2010)和《城市轨道交通自动售检票系统技术条件》(GB/T 20907—2007);一个行业标准为《城市轨道交通自动售检票系统检测技术规程》(GJJ/T 162—2011)。下面分别对这两个国家标准和一个行业标准及其他相关标准进行简单介绍。

一、《城市轨道交通自动售检票系统工程质量验收规范》（GB 50381—2010）

该标准规定了城市轨道交通 AFC 系统工程质量验收的基本技术要求，主要用于城市轨道交通 AFC 系统工程质量管理及作为城市轨道交通 AFC 系统工程质量验收的标准和规范。

二、《城市轨道交通自动售检票系统技术条件》（GB/T 20907—2007）

该标准以城市轨道交通 AFC 系统构架技术为主要规范内容，以建立一个以非接触式 IC 卡为基础的高效、安全、可靠和保密性能良好的城市轨道交通 AFC 系统。主要对城市轨道交通 AFC 系统的结构、车票、SLE、SC 系统和 ACC 系统提出技术要求，适用于我国城市轨道交通 AFC 系统的设计、生产和运行管理。

三、《城市轨道交通自动售检票系统检测技术规程》（CJJ/T 162—2011）

该规程主要定义了城市轨道交通 AFC 系统的质量检测技术标准，主要适用于基于非接触式集成电路卡的城市轨道交通 AFC 系统工程建设的定型、出厂、安装、验交和日常维护等阶段。

四、其他标准

（1）《城市轨道交通技术规范》（GB 50490—2009），以功能和性能为基础，以城市轨道交通安全为主线，涵盖统筹卫生、保护环境、节约资源和维护设备公众利益等内容，对 AFC 系统技术规范的基本要求定义了相关标准。

（2）《城市轨道交通试运营基本条件》（GB/T 30013—2013），对 AFC 系统有关试运营基本条件的基本要求定义了相关标准。

（3）《城市轨道交通运营管理规范》（GB/T 30012—2013），对 AFC 系统相关运营管理工作的基本要求定义了相关标准。

此外，有关轨道交通行业的其他国家标准，以及其他地方标准、行业标准、国际标准等对 AFC 系统也有相关定义和规范要求，具体可参考由住房和城乡建设部标准定额研究所编写的《城市轨道交通标准汇编》，此处不再赘述。

第二章　城市轨道交通自动售检票系统构成

> **岗位应知应会**
>
> 1. 了解 ACC 系统、LC 系统、SC 系统的逻辑架构、物理架构、数据工作流和系统功能，并熟悉各层的典型硬件设备。
> 2. 熟练掌握车站供电系统、接地系统和紧急系统的工作原理。
> 3. 了解 AFC 系统终端设备的工作原理和功能及各组成模块的规格说明等。
>
> **重难点**
>
> 重点：
> 1. ACC 系统、LC 系统、SC 系统的逻辑架构和数据工作流。
> 2. 轨道交通五层架构各层的设备功能说明。
> 3. 非接触式 IC 卡车票的使用方法。
>
> 难点：
> 1. 轨道交通五层架构各层典型硬件设备的工作原理。
> 2. 供电系统、接地系统和紧急系统三大子系统的工作原理。
> 3. ACC 系统、LC 系统、SC 系统的逻辑架构、物理结构和数据工作流。

第一节　清分中心系统

一、清分中心（ACC）系统概述

ACC 系统为各线路统一制定、发行和管理轨道交通专用车票，实现互联互通，并实现轨道交通专用车票与"城市公共交通一卡通"在地铁各线路中的应用，负责对各联网线路"一票通"收益作清算、对账、系统安全管理及有关数据处理等业务，以及各联网线路与 IC 卡公司之间的"一卡通"清算、对账等业务。作为城市轨道交通线网 AFC 系统最上层的管理中心，ACC 代表所有轨道交通线路负责向其他部门和单位进行票务事宜的联系和协调工作，在正常运营情况下，ACC 对各线路运营起监控作用，并提供协调各线路的票务服务，在降级情况或紧急情况下，ACC 负责协调各线路的运营。

ACC 是 AFC 系统联网收费的清分中心,负责轨道交通"一票通""一卡通"所必需的运行管理,它将制定所有与 LC 接口相关的接口及 AFC 系统的技术标准和业务规则,ACC 对各个线路进行统一的业务规范管理、票务管理、安全管理,并实施清算。

下面分别从轨道交通 ACC 系统的逻辑架构、物理结构、数据工作流三方面展开对轨道交通 ACC 系统的软件架构说明。

(一)逻辑架构(图 2-1)

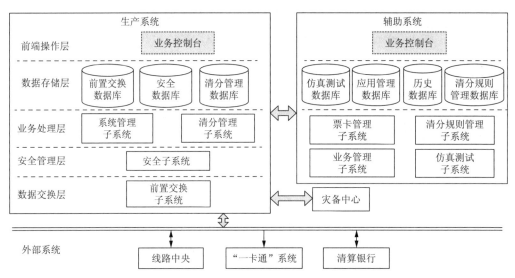

图 2-1 ACC 系统总体逻辑构架示意

(二)物理架构(图 2-2)

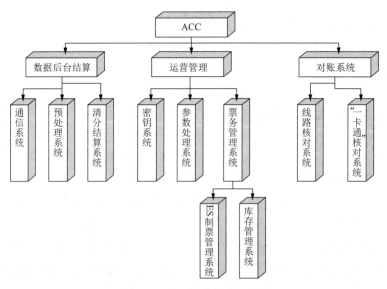

图 2-2 ACC 系统物理结构示意

(三)数据工作流(图2-3)

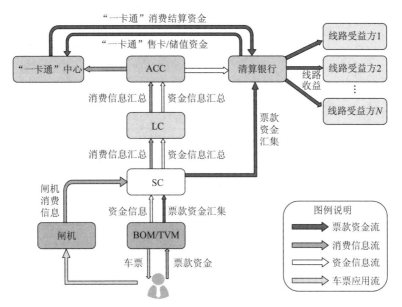

图2-3 ACC系统数据流示意

二、轨道交通ACC系统功能

轨道交通ACC系统的主要功能包括如下几个方面(图2-4)。

(1)ACC制定AFC系统运营的各项规则,包括:车票、票价、清算、对账业务规则、车票使用管理及调配流程、运营模式控制管理流程、运营参数、安全管理的流程与授权、终端设备统一乘客服务界面、系统接口和编码规则等。

(2)ACC统一发行轨道交通车票,并进行车票的动态调配和跟踪,实现轨道交通各线路统一的车票发行及车票管理。

(3)ACC通过其全局票务与安全系统支撑各线路AFC系统运行,负责收集、统计、分析、查询运营数据,负责"一卡通"车票交易收益在轨道交通系统不同线路之间的清分,实现轨道交通系统与"一卡通"系统间的清算、对账。

(4)ACC下发各类参数和命令,确保整个AFC系统正常、安全运营。

(5)ACC具备时钟同步功能,提供轨道交通AFC系统的时钟源。

(6)ACC设有编码分拣机(ES)设备,ES具有对车票的初始化、赋值、分拣、校验、注销等功能。

(7)ACC统一管理AFC系统密钥。

(8)ACC统一向一卡通公司发送"一卡通"票卡在轨道交通的使用记录,接收一卡通公司发送的"一卡通"清分对账记录。

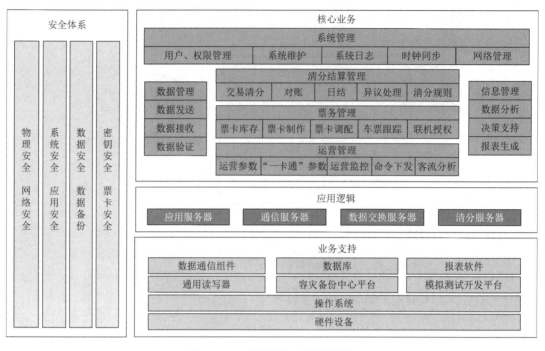

图 2-4　ACC 系统总体功能架构示意

三、轨道交通清分中心设备

ACC 主要硬件设备包括数据库服务器、存储区域网络磁盘阵列柜、编码／分拣机、不间断电源、报表服务器、交换机和存储设备等（图 2-5）。

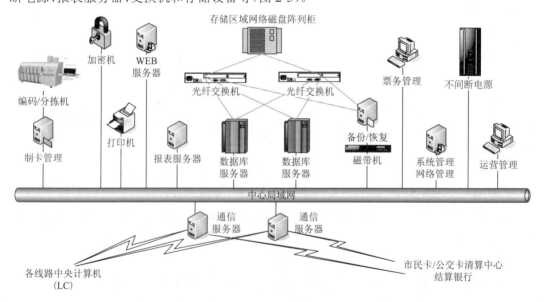

图 2-5　ACC 主要硬件设备示意

(一)服务器(图2-6)

服务器包括清分及线网运营服务器、历史数据及报表服务器、通信及数据交换服务器、网管服务器、备份服务器、时钟服务器和防病毒服务器等。

图2-6　服务器

(二)存储设备(图2-7)

存储系统采用存储区域网络(Storage Area Network,简称 SAN)存储结构。城市轨道交通 AFC 系统的存储设备主要包括存储交换机、磁盘阵列、磁带库、移动存储设备和功能工作站等。

图2-7　ACC 系统存储设备——磁带库

(三)网络设备(图2-8)

网络设备主要是交换机,包括清分核心网络交换机、清分通信网络交换机、清分测试平台网络交换机、通信网络交换机、防火墙和入侵检测设备等。

图2-8　ACC 系统网络设备——交换机

(四)读写器(图 2-9)

读写器是一个功能独立的、具备与安全认证模块配合,在其读写范围内实现车票分析或车票交易的软、硬件整体功能的统一体。

(五)不间断电源(UPS)(图 2-10)

在 UPS 供电状态下,当蓄电池后备工作时间即将用完时,应能通知相关用电设备自动关机,以免突然断电造成设备损坏。UPS 应保证 24h 连续正常运行,不间断为 AFC 系统设备供电。UPS 电源应具备自动报警功能,其运行状态要能被监控。

图 2-9　读写器

图 2-10　UPS

(六)编码分拣机(ES)(图 2-11)

ACC 设有编码分拣机(ES),具有对车票的初始化、赋值、分拣、校验、注销等功能。ES 车票处理模块应包括控制器、车票传输部件、读写器、分票和堆叠机构、票箱等。

(七)制票设备(图 2-12)

制票设备实现从空白卡到成品卡的整套制作流程,包括卡表面的印刷及卡内芯片的初始化。其用于储值票、纪念票、乘次票、优惠票、员工票等的个性化制作。

图 2-11　ES

图 2-12　制票设备

(八)票卡清洗设备(图 2-13)

票卡清洗设备对轨道交通专用车票可回收类票卡(单程票)集中进行消毒。

(九)其他运营辅助设备

其他运营辅助设备包括卡式车票清点机、筹码式车票清点机、票卡清洗消毒机、运送推车、办公家具、测试仪表(图 2-14)及专用工具(数字万用表、网络测试仪、便携式计算机)。

图 2-13 票卡清洗设备

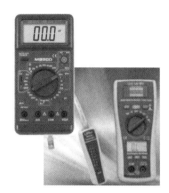

图 2-14 测试仪表设备

第二节 线路中心计算机系统

一、线路中心(LC)系统概述

LC 系统由在控制中心设置的两套主服务器、两台通信前置服务器、两台存储交换机、磁盘阵列和磁带库、票务管理服务器、数据交换服务器、历史数据比较服务器、文档服务器、网管服务器、两台以太网中心交换机和工作站构成。LC 系统为轨道交通 AFC 系统的核心组成,能实现对轨道交通 AFC 系统内所有设备的监控,能实现系统运作、收益及设备维护集中管理功能,能实现系统数据的集中采集、统计及管理功能。

LC 系统接收 ACC 系统下达的参数及指令,能独立实现所辖线路 AFC 系统的运营管理、票务管理及设备管理;LC 系统完成与 ACC 系统清算对帐和线路的收益管理;LC 系统接收 ACC 系统下发的车票种类、票价表、车费表、运营模式等参数,并通过 SC 下载到终端设备;LC 系统接收来自 ACC 系统的统一时钟信号并完成本线路的时钟同步,接收、上传、下载车票"黑名单"等。

LC 系统可以实现所辖线路内的安全访问控制,包括线路内权限管理、数据审核、数据备份及恢复、线路内设备入网注册、系统间安全访问控制等。

下面分别从 LC 系统的物理结构、逻辑架构和数据工作流三个方面展开对 LC 系统的软件架构说明。

(一) 物理结构(图 2-15)

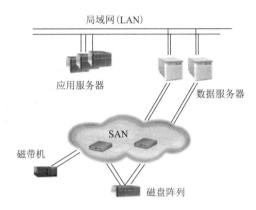

图 2-15　LC 典型的物理结构示意

(二) 逻辑架构(图 2-16)

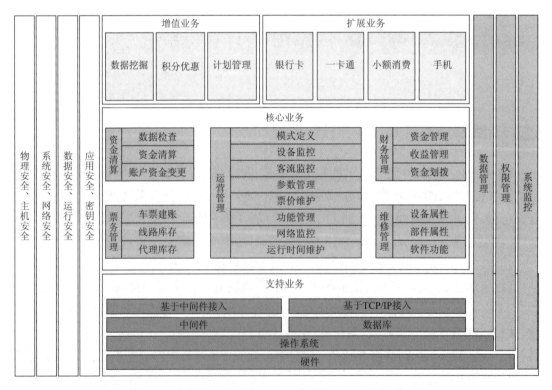

图 2-16　LC 典型的逻辑架构

系统逻辑架构是基础技术架构,是业务需求转换成技术需求后,保证技术实现的逻辑概念。

LC 系统作为线路的核心管理系统,承担着全线路的运营管理、票务政策制定、财务管理及各 SC、SLE 的协调功能。基于这种对 LC 的复杂要求,按照 LC 功能的不同服务范围和业务定义,把 LC 功能归纳划分为三个逻辑层,即支持业务层、核心业务层和增强业务层,并建立通用功能,为以上各层提供服务支持。同时预留手机付费的清分功能、AFC 系统的扩展条件和软硬件接口。

1. 支持业务层

为适应系统未来业务扩展的需要,将系统建立在一个具有充分可扩展的通用系统架构之上。该系统架构包括网络基础平台、主机系统、存储系统、数据库管理系统。

支持业务层中的系统接入及传输服务保证了各系统之间数据交换,是核心业务层及其他扩展业务层进行数据处理的基础和保障。传输服务采用基于 AAS Service Bus 的稳定接入方式,并保证在线路中断时采用离线介质的传输方式。

2. 核心业务层

核心业务层以支持业务层的数据交换为基础,是系统的关键,该层实现了系统的主要功能,是网络化运营的基本要求,同时为其他扩展业务层提供了准备。

核心业务包括资金清算、票务管理、维修管理、财务管理、运营管理等网络化运营基础设施工作,是由 LC 系统、SC 系统及 SLE 共同实现的。其中资金清算包括数据检查及账户资金变更等;票务管理包括车票建账、线路库存及代理库存等;维修管理包括设备属性、部件属性及软件功能管理等;财务管理包括资金管理、网络收益及资金划拨等;运营管理包括模式定义、功能管理、参数管理及网络客流分析等。

3. 增强业务层

增强业务层是系统的扩展部分。为了满足业务不断变化带来的需求变更,使应用系统能够长期保持稳定性和可扩展性,该层包括了增值业务和扩展业务。其中增值业务指在不改变原系统的业务处理模式的情况下得到更近一步的扩展,例如数据挖掘、积分优惠及计划管理等;扩展业务指通过与原系统不同的业务处理模式进行的系统功能扩展。

4. 通用功能

为了保证应用系统三层架构的稳定性、安全性,建立了详细的安全体系,主要包括物理及主机安全、系统及网络安全、数据及运行安全、应用及密钥安全,对应用系统的各个方面进行安全保障,保证系统稳定运行。

应用系统在进行业务处理的同时,提供了附加的为保证系统更有效的维护及管理工作,如数据管理、权限管理及系统监控等,以保证应用系统更有效、更快捷的运行及维护管理。

(三)数据工作流

1. LC 系统数据流(图 2-17)

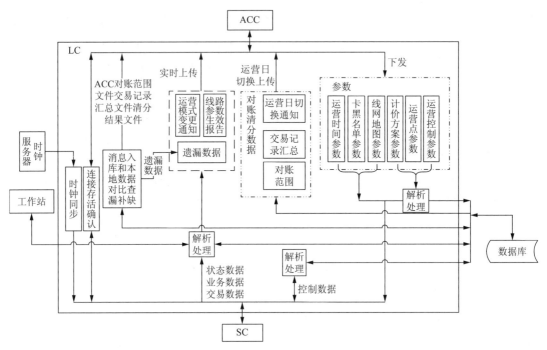

图 2-17　LC 系统数据流向示意

2. LC 工作站数据流(图 2-18)

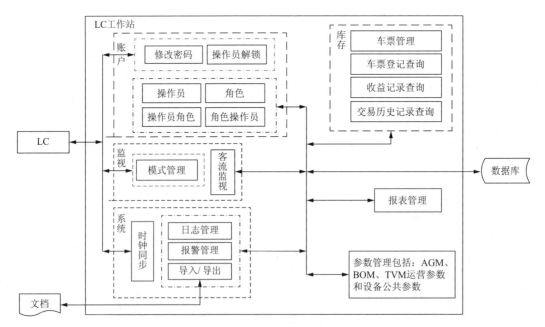

图 2-18　LC 工作站数据流向示意

二、LC 系统功能

LC 为 AFC 系统的核心部分,在对线路系统中所有设备进行监视的同时,对系统的全部数据进行收集、处理,对运营、票务、财务、维修进行集中管理。

LC 收集、处理系统内各类数据,制定、维护系统各类参数,接收/下达系统各类命令,同时为系统提供高度的安全机制和严格的操作规程;并通过 ACC 实现本线路与轨道交通网络其他线路之间的结算和对账。

LC 以主应用/数据库服务器为中心,通过其他服务器、操作工作站等开展各种业务。根据系统业务和操作人员的权限,设定不同的子业务系统和功能模块,确保系统的安全性及操作的严密性管理。

在线路的运营业务中,LC 与各站的 SC 进行通信,接收各车站产生的全部交易数据和运营、收益的数据。通过 LC 将这些数据汇总,可以把握线路的利用状况和收入状况。

LC 接受 ACC 系统参数及指令,实现所监控线路 AFC 系统的运营管理并根据协议上传相关数据,并与 ACC 进行对账。

三、LC 系统设备

LC 系统设备主要包括以下几部分。

(1)网络通信设备:网络通信设备是构建 LC 硬件运行平台的基础,通过网络通信设备提供标准的 TCP/IP 网络连接,实现虚拟局域网(VLAN)的划分,并提供相互之间的路由,实现有效的网络管理功能,包括核心交换机、数据服务器、通信服务器等。

(2)防火墙:网络系统安全设备,防止外部系统的安全攻击,同时支持网络地址转换(NAT)和虚拟专用网络(VPN)功能。

(3)工作站:根据权限控制,面向不同的运营管理人员,配置工作站的不同业务功能。

(一)核心服务器(图 2-19)

LC 的核心服务器,完成对交易数据的集中处理,主要功能包括:按照业务规则对交易数据进行分类整理;对设备数据进行审核;完成每日交易的现金核算;处理票卡的即时和非即时退款申请;通过交易数据完成线路的收益核算和统计;与 ACC 系统之间进行清算对账,并响应错误数据的重新处理请求;交易异常处理和黑名单管理;提供设备监视、设备控制、客流统计等功能;进行参数类型定义、参数维护以及参数变更管理;接收与下发系统运营模式;更新管理软件版本;管理权限与操作日志;监控后台与处理审计和运营结束程序等功能。

核心服务器在选型上需要满足以下原则。

图 2-19 核心服务器

1. 高性能原则

高性能原则要求核心服务器不仅能够满足运营系统的运行和业务处理的需要,而且能够满足一定时期业务量的增长。一般可以根据经验公式计算出所需的服务器 TpmC 值(Transactions Per Miunte,简称 TpmC,是衡量计算机系统的事务处理能力的程序),然后比较各服务器厂商和事务处理性能委员会(Transaction Processing Performance Council,简称 TCP)公布的 TpmC 值,选择相应的机型。同时,用服务器的市场价/报价除以计算出来的 TpmC 值得出单位 TpmC 值的价格,进而选择出高性价比的服务器。

2. 可靠性原则

可靠性原则是所有待选设备和系统须首要考虑的,尤其是在大型的、有大量数据处理要求的、需要长期运行的系统上。考虑服务器系统的可靠性,不仅要考虑服务器单个节点的可靠性和稳定性,而且要考虑服务器与相关辅助系统之间连接的整体可靠性,如网络系统、安全系统、远程打印系统等。在必要时,还应考虑对关键服务器采用集群技术,如双机热备份或集群并行访问技术,甚至采用可能的完全容错机。

3. 可扩展性原则

可扩展性原则指保证所选购的服务器具有优秀的可扩展性。因为服务器是所有系统处理的核心,要求具有大数据吞吐速率,包括:I/O 速率和网络通信速率,而且服务器需要能够处理一定时期内业务发展所带来的数据量,需要服务器能够在相应时间内对其自身业务发展的需要进行相应的升级,如:CPU 型号升级、内存扩大、硬盘扩大、更换网卡、增加终端数目、挂接磁盘阵列或与其他服务器组成对集中数据的并发访问的集群系统等。这都需要所选购的服务器在整体上具有良好的可扩展性。一般数据库和计费应用服务器在大型计费系统的设计中就会采用集群方式来增加可靠性,其中挂接的磁盘存储系统,根据数据量和投资考虑,可以采用开放系统的直连式存储(Direct-Attached Storage,简称 DAS)、网络附属存储(Network Attached Storage,简称 NAS)或存储区域网络(Storage Area Network,简称 SAN)等实现技术。

4. 安全性原则

服务器处理的大部分数据都是相关系统的核心数据,其上存放着关键的交易数据,且服务器的安全性与系统的整体安全性密不可分,如网络系统的安全、数据加密、密码体制等。在设计服务器时,包括软、硬件,都应该从安全的角度去考虑,在借助外界安全设施的保障下,更要保证服务器本身的高安全性。

5. 可管理性原则

服务器既是整个系统的核心又是系统整体中的一个节点,就像网络系统需要进行管理维护一样,服务器也需要进行有效的管理。

(二)磁盘阵列、磁带库、磁带机和磁带

1. 磁盘阵列(图 2-20)

为了保证运营数据的安全性,提高系统的性能和高可用性,需要把业务数据与应用服务分离,磁盘阵列的使用就是为了达到该目的。

磁盘阵列（Redundant Arrays of Independent Disks,简称 RAID),有"独立磁盘构成的具有冗余能力的阵列"之意。它是由很多价格较便宜的磁盘,组合成一个容量巨大的磁盘组,利用个别磁盘提供数据所产生的加成效果提升整个磁盘系统效

图 2-20　磁盘阵列

能。RAID 还能利用同位检查（Parity Check)的观念,在数组中任意一个硬盘发生故障时,仍可读出数据,在数据重构时,将数据经计算后重新置入新硬盘中。

常见的 RAID 级别如下所述。

（1）RAID 0（图 2-21）

RAID 0 是最早出现的 RAID 模式,即 Data Stripping 数据分条技术。RAID 0 是组建 RAID 中最简单的一种形式,只需要 2 块以上的硬盘即可,成本低,可以提高整个磁盘的性能和吞吐量。RAID 0 不具备提供冗余或错误修复能力,但实现成本是最低的。

（2）RAID 1（图 2-22）

RAID 1 称为磁盘镜像,其原理是把一个磁盘的数据镜像到另一个磁盘上,也就是说数据在写入一块磁盘的同时,会在另一块闲置的磁盘上生成镜像文件,在不影响性能的情况下最大限度地保证系统的可靠性和可修复性,只要系统中任何一对镜像盘中至少有一块磁盘可以使用,甚至在一半数量的硬盘出现问题时,系统都可以正常运行。当一块硬盘失效时,系统会忽略该硬盘,转而使用剩余的镜像盘读写数据,具备很好的磁盘冗余能力。

（3）RAID 0+1（图 2-23）

从 RAID 0+1 的名称上便可以看出 RAID 0+1 是 RAID 0 与 RAID 1 的结合体。单独使用 RAID 1 也会出现类似单独使用 RAID 0 一样的问题,即在同一时间内只能向一块磁盘写入数据,不能充分利用所有的资源,为了解决该问题,可以在磁盘镜像中建立带区集,因为这种配置方式综合了带区集和镜像的优势,所以被称为 RAID 0+1。把 RAID 0 和 RAID 1 技术结合起来,数据除分布在多个磁盘外,每个盘都有其物理镜像盘,可提供全冗余能力,允许一个以下磁盘故障,而不影响数据可用性,并具有快速读/写能力。RAID 0+1 要在磁盘镜像中建立带区集,因此至少需要 4 个硬盘。

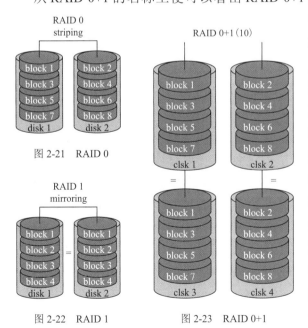

图 2-21　RAID 0

图 2-22　RAID 1

图 2-23　RAID 0+1

（4）RAID 3

RAID 3 是带奇偶校验码的并行传送，这种校验码只能查错而不能纠错，其使用一个专门的磁盘存放所有的校验数据，而在剩余的磁盘中创建带区集分散数据的读写操作。当从一个完好的 RAID 3 系统中读取数据时，只需要在数据存储盘中找到相应的数据块进行读取操作即可，而向 RAID 3 写入数据时，必须计算与该数据块同处一个带区的所有数据块的校验值，并将新值重新写入校验块。当一块磁盘失效时，该磁盘上的所有数据块必须使用校验信息重新建立，如果所要读取的数据块正好位于已经损坏的磁盘上，则必须同时读取同一带区中的所有其他数据块，并根据校验值重建丢失的数据，因此降低了系统速度，此外，当更换损坏的磁盘后，由于系统必须一个数据块一个数据块地重建坏盘中的数据，整个系统的性能将受到严重的影响。RAID 3 最大的不足是校验盘很容易成为整个系统的瓶颈，对于经常大量写入操作的应用会导致整个 RAID 系统性能的下降。

（5）RAID 4

RAID 4 是带奇偶校验码的独立磁盘结构。RAID 4 和 RAID 3 很像，不同的是，它对数据的访问是按数据块进行的，也就是按磁盘进行的，每次是一个盘。如果恢复失败，它的难度可要比 RAID 3 大得多，控制器的设计难度也较大，而且访问数据的效率降低。

（6）RAID 5

RAID 5 也是以数据的校验位来保证数据的安全的，但它不以单独的硬盘来存放数据的校验位，而是将数据段的校验位交互存放于各个硬盘上。这样，任何一个硬盘损坏，都可以根据其他硬盘上的校验位来重建损坏的数据，提供了冗余，磁盘空间利用率较高，读写速度较快。RAID 5 最大的好处是在一块盘掉线的情况下，RAID 仍可照常工作，容错性能较好，RAID 5 是 RAID 级别中最常见的一个类型。

（7）RAID 6

RAID 6 是带有两个独立分布式校验方案的独立数据磁盘，它是对 RAID 5 的扩展，主要用于要求数据绝对不能出错的场合。由于引入了第二种奇偶校验值，所以需要 N+2 个磁盘，同时对控制器的设计变得十分复杂，写入速度较差，用于计算奇偶校验值和验证数据正确性所花费的时间比较多，造成了不必要的负载。

（8）RAID 7

RAID 7 是优化的高速数据传送磁盘结构。RAID 7 所有的 I/O 传送均是同步进行的，可以分别控制，提高了系统的并行性和系统访问数据的速度；每个磁盘都带有高速缓冲存储器，实时操作系统可以使用任何实时操作芯片，满足不同实时系统的需要。需要注意的是 RAID 7 引入了一个高速缓冲存储器，系统一旦断电，存储在高速缓冲存储器内的数据就会全部丢失，因此需要和 UPS 一起工作，但因为其带了高速缓冲存储器，价格也非常昂贵。

2. 磁带机（图 2-24）

磁带机（Tape Drive）是提供历史数据备份的媒介。一般指单驱动器产品，通常由磁带驱动器和磁带构成,是一种经济、可靠、容量大、速度快的备份设备。该产品采用高纠错能力的编码技术和写后即读的通道技术,可以大大提高数据备份的可靠性,一般可以备份 100 ～ 200GB 或者更多的数据。根据装带方式的不同,一般分为手动装带磁带机和自动装带磁带机(自动加载磁带机)。自动加载磁带机实际上是将磁带和磁带机有机结合组成的,它是一个位于单机中的磁带驱动器和自动磁带更换装置,可以从装有很多盘磁带的磁带匣中拾取磁带并放入驱动器中,或执行相反的过程。自动加载磁带机能够支持例行备份过程,自动为每日的备份工作装载新的磁带。

图 2-24 磁带机

3. 磁带库

磁带库是像自动加载磁带机一样的基于磁带的备份系统,它能够提供同样的基本自动备份和数据恢复功能,但同时具有更先进的技术特点。它的存储容量可达到数百 PB(1PB=100 万 GB),可以实现连续备份、自动搜索磁带功能,也可以在驱动管理软件的控制下进行智能恢复、实时监控和统计,整个数据存储备份过程可以完全脱离人工控制。

磁带库是更高级的自动化备份设备,它可以用于网络备份系统工作,其特点如下。

(1)磁带槽位多,容量最大。

(2)带激光条码读写器的机械手臂,通过条码读写器磁带上的条码,根据备份管理软件就能知道该磁带的内容。

(3)磁带库需要专业备份软件来管理,进行网络备份时,一般需要网络上有一台专门的备份管理服务器。

(4)磁带驱动器可以大于 2 个。

4. 磁带

磁带是磁带存储系统,是所有存储媒体中单位存储信息成本最低、容量最大、标准化程度最高的常用存储介质之一。它互换性好、易于保存,近年来由于采用了具有高纠错能力的编码技术和即写即读的通道技术,大大提高了磁带存储的可靠性和读写速度。根据读写磁带的工作原理,磁带可以分为六种规格,其中两种采用螺旋扫描读写方式的是面向工作组级的 DAT(4mm)磁带机和面向部门级的 8mm 磁带机,另外四种则是选用数据流存储技术设计的设备,它们分别是采用单磁头读写方式、磁带宽度为 1/4 英寸❶、面向低端应用的 Travan

---

❶ 1 英寸 ≈ 2.54cm。

和DC系列,以及采用多磁头读写方式、磁带宽度均为1/2英寸、面向高端应用的DLT和IBM的3480/3490/3590系列。

(1)1/4英寸带卷磁带

QIC（Quarter Inch Cartridge:1/4英寸带卷）磁带是一种带宽为1/4英寸,配有带盒的盒式磁带,也叫1/4英寸磁带。它有两种规格,即DC 6000和DC 2000。其中DC 6000磁带的驱动器是5.25英寸,已淘汰。而DC 2000磁带的驱动器只有3.5英寸,驱动器价格低,标准化程度高,生产厂家多且相互兼容,一盒DC 2000磁带的存储容量一般为400MB,是目前应用较多的磁带之一。

(2)数字音频磁带

DAT（Digital Audio Tape:数字音频磁带）,磁带宽为0.15英寸（4mm）,又叫4mm磁带。由于该磁带存储系统采用了螺旋扫描技术,使得该磁带具有很高的存储容量。DAT系统一般都采用了即写即读和压缩技术,既提高了系统的可靠性和数据传输率,又提高了存储容量。目前一盒DAT的存储容量可达到12GB,同时DAT和驱动器的生产厂商较多,是一种很有前途的数据备份产品。

(3)8mm磁带

8mm磁带是一种仅由EXABYTE公司开发、适合于大中型网络和多用户系统的大容量磁带。8mm磁带及其驱动器也采用了螺旋扫描技术,而且磁带较宽,因而存储容量极高,一盒磁带的最高容量可达14GB。但品牌单一,种类较少。

(4)1/2英寸磁带

1/2英寸磁带又分为DLT（数字线性磁带）和IBM的3480/3490/3590系列磁带两类。由于DLT技术发展较快,已成为网络备份磁带机和磁带库系统的重要标准,又因为容量大、速度高和独一无二的发展潜力,使其在中高备份系统中独占鳌头。DLT每盒容量高达35GB,单位容量成本较低;IBM的3480/3490/3590系列磁带是由IBM公司生产的,每盒磁带的存储容量可达10GB,所对应的驱动系统实际上是一个磁带库,可以存放多盒磁带,其机械手可自动选择其中任意一盒磁带到驱动器上。

(三)应用程序服务器(图2-25)

应用程序服务器通过各种协议,如HTTP（Hyper Text Transfer Protocal）协议,把商业逻辑暴露给客户端应用程序,它通过提供访问商业逻辑的途径以供客户端应用程序使用,且商业逻辑的使用就像调用对象的一个方法(或过程语言中的一个函数)一样。

应用程序服务器的客户端（包含有图形用户界面）可能会运行在一台PC,一个Web服务器甚至是其他的应用程序服务器上。在应用程序服务器与其客户端之间来回穿梭的信息不仅仅局限于简单的显示标记,相反,这种信息就是程序逻辑。正是由于这种逻辑取得了数据和方法调用的形式而不是静态HTML（Hypertext Markup Language）,所以客户端才可以随心所欲地使用这种被暴露的商业逻辑。

图 2-25　应用程序服务器

常见的应用程序服务器有通信服务器、数据交换服务器、前置通信服务器、历史数据比较服务器、网管服务器、票务管理服务器等。

1. 通信服务器

通信服务器主要负责与 ACC 系统、各站 SC 系统的数据交互。一方面，通信服务器接收由 SC 上传的交易数据和各类指令反馈数据，然后再发送给主数据库服务器进行处理；另一方面，通信服务器接收 ACC 系统、主数据库服务器对各 SC 系统下达的各类指令和参数，然后逐步下传到各 SC 系统。

2. 数据交换服务器

数据交换服务器负责 LC 与 ACC 的数据交换。

3. 前置通信服务器

前置通信服务器起到了主数据库服务器和 SC 系统之间邮差的作用，同时提供综合监控系统（ISCS）的接口服务。

4. 历史数据比较服务器

历史数据比较服务器上安装有报表生成功能模块，以及报表计算规则定义模块；按照时间定义，可以生成日报表、周报表、月报表、季度报表、年度报表和用户自定义的时间段报表等。

5. 网管服务器

网管服务器上安装有专业网络管理软件，实现 AFC 系统网络管理功能。

6. 票务管理服务器

票务管理服务器通过网络与 ACC 的服务器相连，接收 ACC 下发的车票库存、调配数据，同时上报线路车票库存状态数据。

7. 文档服务器

文档服务器处理文件并在网络中发送它们。在更复杂的网络中，文件服务器也可以是一台专门的网络附加存储设备，同时可以作为其他计算机的远程硬盘驱动器来运行，并允许网络中的人像在他们自己的硬盘中一样在服务器中存储文件。

(四)光纤交换机(图2-26)

光纤交换机是一种高速的网络传输中继设备,与普通交换机相比,其采用了光纤电缆作为传输介质。光纤传输的优点是速度快、抗干扰能力强。光纤交换机的特点就是采用传输速率较高的光纤通道与服务器网络或者 SAN 网络内部组件连接,这样,整个存储网络就具有非常宽的带宽,为高性能的数据存储提供了保障。

图 2-26　光纤交换机

(五)防火墙

防火墙指的是硬件防火墙,与操作系统自带的软件防火墙相比,硬件防火墙是指把防火墙程序做到芯片里面,由硬件执行这些功能,能减少 CPU 的负担,使路由稳定。

硬件防火墙是保障内部网络安全的一道重要屏障,它的安全和稳定,直接关系到整个内部网络的安全。由于系统中存在的很多隐患和故障在暴发前都会出现预兆,而例行检查的任务就是要发现这些安全隐患,并尽可能将问题定位,最终解决问题。因此,日常例行的检查对于保证硬件防火墙的安全是非常重要的。

软件防火墙一般采用包过滤机制。包过滤规则简单,只能检查到第三层网络层,只对源或目的 IP 做检查,因此软件防火墙的能力远不及状态检测防火墙,连最基本的黑客攻击手法 IP 伪装都无法解决,并且要对所经过的所有数据包做检查,所以速度比较慢。硬件防火墙主要采用第四代状态检测机制。状态检测是指在通信发起连接时就检查规则是否允许建立连接,然后在缓存的状态检测表中添加一条记录,以后不必检查规则而只要查看状态监测表就可以,速度上有了很大的提升,因其工作的层次有了提高,其防黑功能比包过滤强了很多。状态检测防火墙跟踪的不仅是包中包含的信息,也跟踪包的状态。为了跟踪包的状态,状态检测防火墙还记录有用的信息以帮助识别包,例如已有的网络连接、数据的传出请求等。

主要的防火墙有包过滤防火墙、应用网关防火墙、状态检测防火墙和复合型防火墙四种。

1. 包过滤防火墙

包过滤防火墙用一个软件查看所流经的数据包的包头,由此决定整个包的命运。它可能会决定丢弃该包,也可能接受该包,或者执行其他更复杂的动作。在 Linux 系统下,包过滤功能是内建于核心的(作为一个核心模块,或者直接内建),同时还有一些可以运用于数据包之上的技巧，不过最常用的依然是查看包头以决定包的命运。包过滤防火墙将对每一个接收到的包做出允许或拒绝的决定。具体来讲，它针对每一个数据包的包头，按照包过滤规则进行判定，与规则相匹配的包依据路由信息继续转发，否则就丢弃。包过滤是在 IP 层实现的，包过滤根据数据包的源 IP 地址、目的 IP 地址、协议类型 [传输控制协议（TCP）包、用户数据协议（UDP）包、互联网控制报文协议（ICMP）包]、源端口、目的端口等包头信息及数据包传输方向等信息来判断是否允许数据包通过。包过滤也包括与服务相关的过滤，这是指基于特定的服务进行包过滤，由于绝大多数服务的监听都驻留在特定 TCP/UDP 端口，因此，为阻断所有进入特定服务的链接，防火墙只须将所有包含特定 TCP/UDP 目的端口的包丢弃即可。

2. 应用网关防火墙

应用网关防火墙能够检查进出的数据包，通过网关复制传递数据，防止在受信任服务器和客户机与不受信任的主机间直接建立联系。应用网关防火墙能够理解应用层上的协议，能够做复杂的访问控制，并做精细的注册和稽核。它针对特别的网络应用服务协议即数据过滤协议，并且能够对数据包进行分析且生成相关的报告。应用网关对某些易于登录和控制所有输出输入的通信的环境给予严格的控制，以防有价值的程序和数据被窃取。在实际工作中，应用网关一般由专用工作站系统来完成。但每一种协议需要相应的代理软件，使用时工作量大，效率不高。应用网关防火墙有较好的访问控制，是目前最安全的防火墙技术，但实现困难，缺乏透明度。

3. 状态检测防火墙

状态检测防火墙采用了状态检测包过滤的技术，是传统包过滤上的功能扩展。状态检测防火墙在网络层有一个检查引擎截获数据包并抽取出与应用层状态有关的信息，并以此为依据决定对该连接是接受还是拒绝。这种技术提供了高度安全的解决方案，同时具有较好的适应性和扩展性。状态检测防火墙一般也包括一些代理级的服务，它们提供附加的对特定应用程序数据内容的支持。状态检测技术最适合提供对 UDP 协议的有限支持。它将所有通过防火墙的 UDP 分组均视为一个虚连接，当反向应答分组送达时，就认为一个虚拟连接已经建立。状态检测防火墙克服了包过滤防火墙和应用代理服务器的局限性，而且不要求每个访问的应用都有代理。状态检测防火墙基本保持了简单包过滤防火墙的优点，性能比较好，同时对应用是透明的，在此基础上，对于安全性有了大幅提升。这种防火墙摒弃了简单包过滤防火墙仅仅考察进出网络的数据包，不关心数据包状态的缺点，在防火墙的核心部分建立状态连接表，维护了连接，将进出网络的数据当成一个个的事件来处理。状态检测包过滤防火墙规范了网络层和传输层行为，而应用代理型防火墙则是规范了特定的应用协议上的行为。

4. 复合型防火墙

复合型防火墙，基于自主研发的智能 IP 识别技术，在防火墙内核对应用和协议，进行高效分组识别，实现对应用的访问控制。智能 IP 识别技术还摒弃了复合型防火墙在内核中进行缓存的技术方式,创新地采用零拷贝流分析、特有快速搜索算法等技术,加快会话组织和规则定位的速度,突破了复合型防火墙效率较低的瓶颈。

第三节　车站计算机系统

一、车站计算机(SC)系统介绍

SC 系统是以工业 PC 机作为主处理器的系统,它包括服务器、三层交换机、二层交换机、光纤、网线等。SC 可以监控车站内的 TVM、BOM、AGM 和 TCM 等 SLE 的运行状态,对票务收益和客流进行统计,生成各类报表。SC 系统还向 LC 系统发送各类设备运行状态、票务收益和客流信息。同时接收 LC 系统下发的各类运营参数。

（一）物理结构（图 2-27）

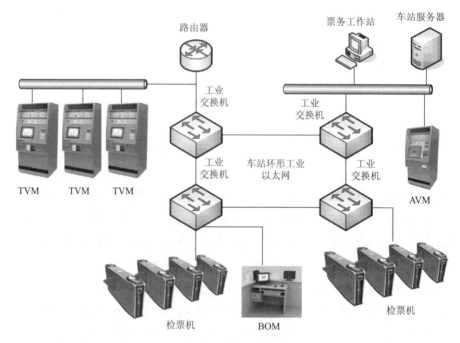

图 2-27　SC 系统物理结构示意

（二）逻辑架构（图 2-28）

SC 系统建立在一个成熟的、结构化的 AFC 系统通用架构模型之上,以此来实现 SC 系统的功能,保障 SC 系统安全、稳定地运行,提高系统适应能力及扩展能力,方便使用及管理。其中包括硬件、操作系统、存储系统、数据库管理系统、通信模块、传输服务层、核心业务层。

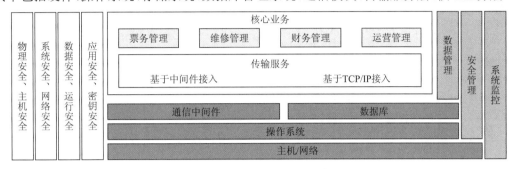

图 2-28　SC 系统逻辑架构示意

（1）主机/网络系统、操作系统、存储系统、数据管理系统等,为处理核心业务提供基础和保证,系统接入及传输服务保证了各系统之间的数据交换,是核心业务层及其他扩展业务层进行处理的基础。

（2）传输服务采用基于 AAS Service Bus 的接入方式,并能在线路不通时采用离线介质传输的方式。

（3）核心业务层以支持业务层的数据交换为基础,是系统功能实现的关键,该层实现了系统的主要功能,是网络化运营的基本要求,同时为其他扩展业务层提供了准备。

（三）数据工作流

1. SC 系统数据工作流（图 2-29）

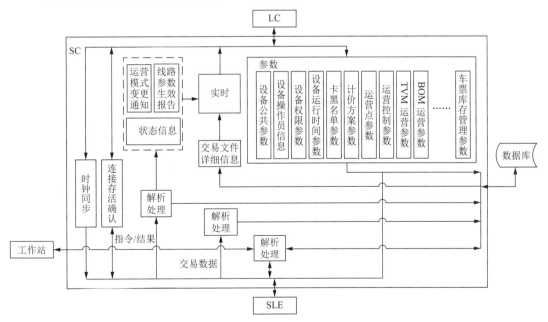

图 2-29　SC 系统数据工作流示意

2. SC 工作站数据流（图 2-30）

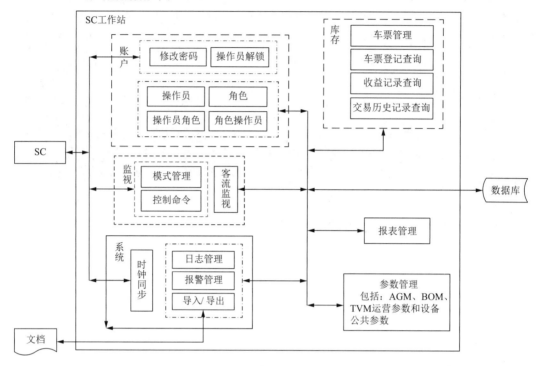

图 2-30　SC 工作站数据流

二、SC 系统功能

SC 系统可分为车站计算机服务器、票务管理工作站、车站设备监控工作站等。

（一）车站计算机服务器（SC SVR）的功能

SC SVR 的主要功能如下所述。

1. 运营管理

（1）开始营业

一般情况下，SC SVR 在运行时间表参数指定的时刻内自动运行开始营业流程；若在车站停止营业的情况下，车站操作员通过车站设备监控工作站（SC WS）下达开始营业命令，也可以使 AFC 系统正常开始营业。

SC SVR 在开始营业流程中完成以下工作。

①SC SVR 与线路中央计算机服务器（LC SVR）时钟源进行时钟同步。

②SC SVR 检查运营日日期是否正确，不正确则自动执行运营日日期切换流程。

③SC SVR 向 AGM、TVM、TCM 发送开始营业命令。

④SC SVR 向 LC SVR 发送开始营业通知。

⑤SC SVR 记录开始营业流程处理日志。

(2) 结束营业

①SLE 结束营业。通常 AGM、TVM、TCM 按照设备参数指定的时刻自动运行设备结束营业流程,操作员也可以通过 SC WS 下发设备结束运营命令,实现 AGM、TVM、TCM 等设备的结束运营,但 BOM 需要操作员进行结算处理后才能结束运营。

SC SVR 配合设备完成设备结束营业流程处理工作包括以下几点。

a. 设备与 SC SVR 时钟源时钟同步。

b. 在设备与 SC SVR 通信连接正常的情况下,设备在确认所有交易和业务数据上传完毕后与 SC SVR 进行结束营业前的最后一次数据传输审计。

c. 设备完成营业数据审计处理并将审计结果上传 SC SVR。

d. 设备上传程序日志文件。

e. 设备清理过期数据。

f. 设备向 SC SVR 发送结束营业报告并断开与 SC SVR 的通信连接。

g. 设备根据配置进入休眠状态或关闭电源。

②SC SVR 结束营业。SC SVR 在运行时间表参数指定的时刻自动运行车站结束营业流程。在车站结束营业流程自动启动前向 SC WS 发送车站结束营业预告,提示车站操作员监督站内设备及时完成设备结束营业处理。其次,车站操作员可以通过 SC WS 下达车站结束营业命令,SC SVR 在收到命令后运行车站结束营业流程。

SC SVR 在车站结束营业流程中完成以下工作。

a. SC SVR 与 LC SVR 时钟源时钟同步。

b. 在与 LC SVR 通信连接正常的情况下,SC SVR 在确认所有交易和业务数据上传完毕后与 LC SVR 进行结束营业前的最后一次数据传输审计。

c. SC SVR 执行营业数据统计并将统计结果发送给 LC SVR,SC WS 和票务工作站生成并打印预约统计报表。

d. SC SVR 向 LC SVR 发送结束营业报告。

e. SC SVR 清理数据库过期数据。

f. SC SVR 清理磁盘过期数据文件和过期日志文件。

g. SC SVR 记录结束营业流程处理日志。

(3) 运营日切换流程

SC SVR 在运行时间表参数指定的时刻自动启动运营日切换流程,更新运营日日期,执行参数版本切换处理,记录运营日切换流程处理日志等。

(4) 与 LC SVR 通信连接流程

当 SC SVR 与 LC SVR 建立正常通信连接后,SC SVR 向 LC SVR 上传交易数据、业务数据和状态数据。建立连接的过程中,SC SVR 首先会主动与 LC SVR 建立连接并发送连接认证请求,之后在接到 LC SVR 发回的连接认证成功回执后开始执行时钟同步、参数同步、数据上传等业务。

（5）与 SLE 通信连接流程

SC SVR 只有与 SLE 建立通信连接后才能执行设备监控管理功能,如下达 SLE 控制命令、监视 SLE 工作状态、接收 SLE 交易数据和业务数据等。建立连接时，SC SVR 首先接收 SLE 发来的连接认证请求,之后检查 SLE 合法性并将检查结果反馈给设备。成功建立连接后进行 SLE 时钟同步、参数和软件同步、上传完整状态等业务。

（6）交易/业务数据采集上传

①接收交易和业务数据。SLE 按参数定义时间间隔定期生成若干交易和业务数据包,并在与 SC SVR 建立正常通信的状态下按组包顺序向 SC SVR 上传交易和业务数据包。SC SVR 收到 SLE 上传的交易和业务数据包后首先根据数据包编号进行包别重处理,丢弃重复上传的数据包。SC SVR 对合法数据包进行解析并保存数据库。在保存过程中，SC SVR 对每条数据进行记录别重审查处理,正确数据将保存于正常数据表中,重复数据或异常数据将保存于异常数据表中。

②上传交易数据。SC SVR 按参数定义时间间隔定期将需要上传 LC 的交易数据按交易类别组成若干交易数据包。在 SC SVR 与 LC SVR 通信正常连接的情况下，SC SVR 按组包顺序向 LC SVR 上传交易和业务数据包。

（7）交易/业务数据传输审计与重传

①与 LC 进行交易和业务数据传输审计。SC SVR 每隔一段时间［时间间隔由服务器（SVR）配置文件定义］向 LC SVR 发送数据包传输审计报告,对此段时间内上传 LC 的所有交易和业务数据包进行审计。LC SVR 检查 SC SVR 数据包传输审计报告,判断是否存在数据包丢失错误,并生成丢失数据包清单。

②对 SLE 进行交易和业务数据传输审计。SLE 每隔一段时间(时间间隔由 SLE 设备专用参数定义）向 SC SVR 发送数据包传输审计报告,对此段时间内上传 SC 的所有交易和业务数据包进行审计。SC SVR 检查 SLE 数据包传输审计报告,判断是否存在数据包丢失错误,并生成丢失数据包清单。

③命令 SLE 重传交易和业务数据包。完成数据传输审计后，SC SVR 按照生成的丢失数据包清单逐一要求 SLE 重新上传丢失的数据包。SC SVR 收到重传的数据包后删除该数据包的丢包记录。否则，SC SVR 将于次日再次向 SLE 发送数据包重传请求。若向 SLE 发送 3 次数据包重传请求后仍未收到丢失数据包,则 SC SVR 设置数据包丢失报警标志。操作员可以通过报表及时了解数据包丢失情况并人工解决问题。

2. 权限管理

（1）操作员登录身份验证

操作员只有通过 SC WS 或 SLE 登录身份验证才能向 SC SVR 发送 AFC 系统登录请求。

（2）操作员账户锁定

操作员在 SC WS 或 SLE 登录身份验证过程中输入同一操作员 ID 并连续多次密码验

证失败(失败次数限制由参数设定),该监控工作站(WS)或 SLE 向 SC SVR 发送操作员账户锁定通知,SC SVR 在数据库中添加账户锁定记录,同时将锁定通知发往 LC SVR。SC SVR 收到 LC SVR 转发的操作员账户锁定通知后,在数据库中添加账户锁定记录。锁定后的操作员账户当日不能在线路内的任何工作场登录。运营日切换时 SC SVR 将自动删除所有操作员锁定记录。

(3)操作员账户解锁

操作员账户锁定状态可维持一天,在运营日切换时 SC SVR 自动删除所有操作员账户锁定记录。

系统管理员可以通过 SC WS 向 SC SVR 发送操作员账户解锁通知,SC SVR 从数据库中删除操作员账户锁定记录,同时将解锁通知发往 LC SVR 和所有 SLE。

SC SVR 收到 LC SVR 转发的操作员账户解锁通知后,在数据库中删除相应操作员账户锁定记录,同时将解锁通知发往所有 SLE。

(4)密码修改

在 SC SVR 与 LC SVR 通信正常连接的情况下,操作员可以通过 SC WS 或 SLE 向 SC SVR 发送密码修改申请,该申请经由 SC SVR 发往 LC SVR。LC SVR 收到密码修改请求后在密码参数草稿中修改密码数据,该参数草稿将在次日生效并下发。

(5)无操作超时自动退出登录

为了系统和数据的安全,SC SVR 设置了无操作超时自动退出登录。即操作员登录 SC WS 或 SLE 后长时间未执行任何操作,该 WS 或 SLE 将自动发送退出登录报告并重新回到系统登录界面。

3. 模式管理

(1)紧急按钮设定/解除紧急放行车站运营模式

当车站发生灾害时,操作员按下紧急按钮启动紧急放行的车站运营模式;当车站灾害解除时,操作员通过紧急按钮解除紧急放行模式。紧急按钮直接将设定/解除信号传输给站内所有 AGM 和 SC SVR。AGM 接到紧急模式信号后开启闸门疏散乘客。车站处于紧急模式期间,SC SVR 缓存 LC 下发的最后一个运营模式命令。当紧急模式解除时,若该 LC 下发的运营模式尚未失效,则车站启用该运营模式。

(2)工作站设置车站运营模式

操作员在 LC WS 向指定车站下达紧急放行运营模式命令,促使该车站设备进入紧急放行运营模式。操作员在 LC WS 向指定车站下达降级运营模式命令,促使该车站设备进入降级运营模式。操作员通过 LC WS 向指定车站下达正常运营模式命令,解除之前对该车站下达的紧急放行或降级运营模式命令。若此时该车站紧急按钮没有按下,SC SVR 将向所有设备下达正常运营模式命令,使设备恢复正常运营模式;否则,SC SVR 将继续保持车站的紧急放行运营模式。当 LC SVR 与 SC SVR 通信中断,运营模式命令无法下达给车站时,操作员通过 SC WS 向本车站下达运营模式命令。运营模式命令将经由 SC SVR 下发给车站内所有设备。其中，降级运营模式包括列车故障模式、进站免检模式、出站免检模式、乘车时间免检模式、车票日期免检模式、车费免检模式。

4. 参数管理

（1）参数版本检查与同步

在 SC SVR 与 LC SVR 建立通信连接和 LC SVR 发布新版参数时，SC SVR 将按照 LC SVR 命令完成与 LC SVR 间的参数同步处理流程。

SC SVR 与 LC SVR 的参数版本检查与同步流程具体过程如下。

①SC SVR 按照 LC SVR 要求上传其正在使用的参数版本清单。

②LC SVR 检查 SC SVR 参数版本信息，若发现不一致则下达 FTP 配置信息和参数同步命令。

③SC SVR 按照参数同步命令从 LC SVR 的指定路径 FTP 下载新版参数数据文件。

④SC SVR 解析参数数据文件并将新参数数据信息及版本信息保存到数据库中。

⑤SC SVR 完成参数同步处理后再次向 LC SVR 发送本地最新的参数版本清单，LC SVR 收到后向 SC SVR 发送参数同步完成通知。

在以下两种情况下，SC SVR 将自动启动对 SLE 的参数版本检查与同步流程。

①SLE 与 SC SVR 建立通信连接。

②SC SVR 接收到新版本参数。

SLE 与 SC SVR 参数版本检查与同步流程具体过程如下。

①SC SVR 要求 SLE 上传其正在使用的参数版本清单。

②SC SVR 对比本地参数版本清单和 SLE 参数版本清单，判断是否需要执行后续的参数同步处理。若上下位参数版本一致，则 SC SVR 向 SLE 发送参数同步完成通知。

③SC SVR 将 SLE 需要的参数数据文件保存到指定路径下，并向 SLE 发送 FTP 配置信息。

④SC SVR 向 SLE 发送参数同步命令，SLE 通过 FTP 下载需要同步的参数数据文件并输入发行分拣设备。

⑤SLE 完成参数同步处理后向 SC SVR 发送本地最新的参数版本清单，SC SVR 再次对比自己的参数版本清单和 SLE 参数版本清单，如果仍存在差异则记录参数同步异常。

⑥SC SVR 向 SLE 发送参数同步完成通知。

（2）参数版本切换

当 SC SVR 每天执行运营日切换处理时，或当 SC SVR 完成与 LC SVR 参数同步后，SC SVR 将对所有参数执行版本切换处理，以选择启用当日有效的参数版本。

5. 软件管理

（1）设备软件管理

SC SVR 在与 LC SVR 进行参数同步的过程中，按照参数下载方式自动下载新版 AGM、TVM、BOM、TCM 软件程序文件并保存在本地指定路径下。AGM、TVM、BOM、TCM

在每次启动时自动通过 FTP 从本地服务器上下载需要更新的软件并自动完成新软件安装。

（2）WS 软件管理

SC SVR 在与 LC SVR 进行参数同步过程中按照参数下载方式自动下载新版 SC WS 软件程序文件并保存在本地指定路径下。SC WS 在每次启动时自动通过 FTP 从本地服务器上下载需要更新的 WS 软件并自动完成新软件安装。

6. 系统维护

（1）时钟管理

①自动时钟同步。SC SVR 在每日开始营业前自动通过简单网络时间协议（SNTP）与 LC SVR 时钟源进行时钟同步。如果同步过程中 SC SVR 发现本地时钟与 LC SVR 时钟源时间差异超过参数指定的阀值,则记录系统时钟异常。SC WS 和 SLE 每隔参数指定的时间间隔自动通过 SNTP 与 SC SVR 时钟源进行时钟同步。

②手动调整 SC SVR 时钟。系统管理员可以通过 SC WS 下达手动调整时钟命令。SC SVR 按照命令提供的时间信息修改本服务器的系统时间,并向所有 SC WS 和 SLE 发送强制时钟同步命令。SC WS 接到命令后按照命令携带的系统时间信息修改本机系统时间。

③全线路强制时钟同步。SC SVR 接到 LC SVR 发来的强制时钟同步命令后,按照命令携带的系统时间信息修改本机系统时间,并将命令转发给所有 SLE 和 SC WS。SLE 和 SC WS 接到命令后按照命令携带的系统时间信息修改本机系统时间。

（2）任务通知管理

SC SVR 在执行自动运行任务的过程中记录任务执行日志,包括开始营业流程日志、结束营业流程日志、运营日日期切换流程日志、参数同步流程日志、时钟同步流程日志。如果自动任务执行过程中出现处理异常,SC SVR 将向 SC WS 发送任务通知,提示操作员查阅自动运行任务执行日志并及时采取必要的异常应对措施。

（3）日志管理

日志是记录系统的运行过程及状态的文件,在系统出现错误时可以通过查阅日志来分析系统的故障原因。通常日志管理需要查阅的日志包括服务器事件日志、操作员登录 / 退出日志、操作员执行 AFC 系统操作日志、SC SVR 与 LC 通信日志、SC SVR 与 SLE 通信日志等。

（二）票务管理工作站功能

（1）当 BOM 操作员交班结束后,收集当班操作员售票数据。

（2）运行开始前输入上传 TVM 中的备用金额。

（3）在运营过程中将当天的钱箱清点情况、备用金的增减情况、车站存备用金等数据输入上传。

（4）在运营结束后能够查询当天的现金管理报表,并可查询规定时间内（参数控制）的报表。

（三）SC WS 功能

SC WS 的主要功能包括如下几个方面。

1. 运营管理

（1）开始营业流程

车站停止营业的情况下，车站操作员通过 SC WS 下达开始营业命令，SC SVR 在收到命令后运行开始营业流程。

（2）结束营业流程

车站在正常营业情况下，车站操作员通过 SC WS 下达结束营业命令，SC SVR 在收到命令后结束营业流程。

（3）SLE 结束营业

AGM、TVM、TCM 接收 SC WS 下发的设备结束营业命令并运行设备结束营业流程。

（4）SC SVR 结束营业

车站操作员通过 SC WS 下达车站结束营业命令，SC SVR 运行车站结束营业流程。

2. 权限管理

（1）操作员账户解锁

系统管理员可以通过 SC WS 向 SC SVR 发送操作员账户解锁通知，SC SVR 从数据库中删除操作员账户锁定记录，同时将解锁通知发往 LC SVR 和所有 SLE。SC SVR 收到 LC SVR 转发的操作员账户解锁通知后，在数据库中删除相应操作员账户锁定记录，同时将解锁通知发往所有 SLE。

（2）密码修改

在 SC SVR 与 LC SVR 通信正常连接的情况下，操作员可以通过 SC WS 或 SLE 向 SC SVR 发送密码修改申请，该申请经由 SC SVR 发往 LC SVR。LC SVR 收到密码修改请求后在密码参数草稿中修改密码数据，该参数草稿将在次日生效并下发。

（3）无操作超时自动退出登录

操作员登录 SC WS 或 SLE 后长时间未执行任何操作，该 WS 或 SLE 将自动发送退出登录报告并重新回到系统登录界面。

3. 模式管理

降级运营模式包括列车故障模式、进站免检模式、出站免检模式、乘车时间免检模式、车票日期免检模式、车费免检模式。操作员根据运营实际情况选择下发相应的模式命令。

4. 便携式检票机（PCA）登记管理

（1）PCA 启用

在 PCA（Portable Cheacking Analysis）投入验票工作前需要在 SC WS 进行 PCA 启用处理。PCA 通过连接线与 SC WS 建立通信连接，SC WS 进行 PCA 设备合法性检查，包括 PCA 设备信息检查、PCA 使用车站信息检查和 PCA 有效标志检查，对于合法的 PCA 设备，SC WS 从 SC SVR 下载 PCA 适用参数数据和软件，然后将下载的数据文件导入 PCA，最后设置 PCA 设备时钟,并填写 PCA 启用标记。

(2) PCA 停用

当 PCA 完成验票工作后,需要在 SC WS 上进行 PCA 停用处理,PCA 通过连接线与 SC WS 建立通信连接,SC WS 从 PCA 设备导出 PCA 运行审计数据,并将导出的数据上传 SC SVR,最后填写 PCA 停用标记。

5. 收益管理

(1) 钱箱更换管理

当车站工作员在 TVM 上更换硬币箱或纸币箱时,TVM 自动向 SC SVR 发送钱箱更换数据。SC SVR 在数据库中保存钱箱更换履历记录,并将钱箱更换数据上传 LC SVR。

(2) TVM 钱箱清点与补充

操作员每次对 TVM 硬币找零补充箱进行补币(清点)时,通过 SC WS 录入 TVM 现金补充(清点)记录数据。SC SVR 每天在结束营业处理过程中将根据 TVM 现金补充记录数据、TVM 现金清点记录数据和 TVM 交易数据为基础执行 TVM 现金统计处理,并将统计结果上传 LC SVR。

(3) BOM 备用金领取/归还登记

BOM 操作人员每次领取备用金时,通过 SC WS 创建包含领取现金信息的 BOM 现金数据记录,包括登记操作员编号、BOM 操作人员编号、领取钱币面值/张数/金额、领取日期等。在归还备用金时,通过 SC WS 查询该 BOM 操作人员所有未核销的备用金领取记录,并创建相应的归还现金信息的 BOM 现金数据记录,包括登记操作员编号、BOM 操作人员编号、归还金额、归还日期等。

(4) BOM 现金缴纳登记

当 BOM 操作人员上缴现金时,通过 SC WS 进行 BOM 现金缴纳登记,输入该 BOM 操作人员此次实际缴纳现金金额。SC WS 自动根据该 BOM 操作人员上次现金缴纳登记以来所有销售交易记录计算出其应缴纳现金金额数据。若实际缴纳金额多于系统计算应缴纳金额,则在数据库中设置长款标记,反之为短款标记。

6. 现金核算数据查询

操作员可以在 SC WS 上查阅本站所有 BOM 现金记录数据和本站所有 TVM 现金统计结果数据。

7. 车票管理

(1) 车票/票箱出入库管理

当车站票务室接收由线路票务室调来的车票和票箱时,车站操作员通过 SC WS 填写车站车票/票箱入库登记。当车站票务室向线路票务室调出车票和票箱时,车站操作员通过 SC WS 填写车站车票/票箱出库登记。

(2) 票箱车票补充

操作员对票箱进行车票补充处理后,通过 SC WS 填写票箱车票补充报告,记录登记操作员编号、补充操作员编号、补充票箱编号、补充车票类型、补充数量、补充日期。系统根据票箱车票补充报告调整车站票箱车票库存和散票库存数据。

(3) 设备票箱更换

车站所有设备更换票箱后向 SC SVR 上传票箱更换数据。SC SVR 将该数据上传 LC SVR, 同时在数据库中保存票箱更换履历信息。操作员也可以通过 SC WS 监视界面查询指定设备的票箱更换操作履历。

(4) 车票库存调整

当各种不可预测原因导致数据库记录的车站车票库存数据与实际库存不符时,操作员通过 SC WS 手工调整数据库中的库存数据并记录调整原因。SC SVR 将车站车票库存调整报告上传 LC SVR。

(5) 车票库存报告与查询

各车站 SC SVR 定期生成车站车票库存报告,并将该报告上传 LC SVR。操作员可以通过 SC WS 查看本车站的当前车票库存信息。

(6) 车票信息查询

操作员通过 SC WS 查询指定时间段内指定设备产生的车票交易记录明细。

8. 参数管理

操作员可以在 SC WS 上查阅 SC 保存的各类参数版本信息,包括版本编号、版本创建日期、版本发布标志、版本启用日期等。

9. 报表管理

SC SVR 在结束营业的过程中执行数据统计处理。每天执行一次日统计处理,每月月底执行一次月统计,每年年底执行一次年统计。操作员可以在 SC WS 上生成的报表有:运营报表、客流量综合报表、台账报表、审计报表、财务报表、库存调配履历报表、库存管理报表等。

三、SC 系统设备

SC 系统的主要设备包括 SC SVR、SC WS、票务工作站和打印机等。其详细介绍见车站计算机功能部分描述。

四、车站电源系统介绍

(一) 车站 AFC 供电系统(图 2-31)

通常 AFC 系统会单独配备供电系统,在电源室设置 UPS 装置及一组蓄电池,来电一般采用 A/B 两路冗余设计,在 UPS 的上端加装双电源切换箱,UPS 逆变输出通过各配电组为每台设备提供电力供应。

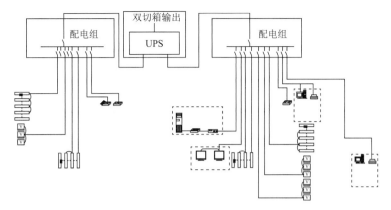

图 2-31 车站 AFC 供电系统示意

1. UPS 工作原理

UPS 是由市电输入开关、输入滤波板及保护电路、整流器、逆变器、静态开关、旁路开关、输出变压器、输出滤波板及电池组等部件组成的。UPS 在市电正常时,交流电源经过整流器转化为直流电源,供电给逆变器并对电池组进行充电,使电池储存足够的电能,以便在市电中断时,能够以零切换时间马上提供干净的电源给负载使用。

2. 单机工作模式

UPS 有四种工作模式:市电模式、电池模式、旁路模式及维护旁路模式。

(1)市电模式

在市电正常情况下,整流器将交流市电转化为直流电源后,供电给逆变器并对电池充电,同时提供干净的电源给负载使用。

(2)电池模式

当市电发生异常时,连接在直流在线互动电源系统(DC BUS)上的电池组提供电能给逆变器,保证交流输出不会有中断现象,进而达到保护输出负载的目的。

(3)旁路模式

当逆变器发生如温度过高、短路、输出电压异常或过载等异常情况且超过逆变器可承受的范围时,逆变器会自动关闭以防止损坏。若此时市电仍然正常,静态开关会将电源供应转为旁路电源供应给负载使用。

(4)维护旁路模式

当 UPS 要进行维修或更换电池而且负载供电又不能中断时,使用者可以先关闭逆变器然后开启维修旁路开关,再依次切断旁路、电池、输出开关。在手动维护旁路转换的过程中,交流电源经由维护旁路开关继续给负载供电,此时 UPS 内部没有电流,维护人员可以安全地进行维护。

(二)车站 AFC 接地系统(图 2-32)

为保证设备的安全运行和乘客的人身安全,采用综合接地系统,接地电阻值不大于 1Ω。

AFC 设备接地引出线接入车站控制室及弱点综合设备室的接地端子箱,且系统电缆屏蔽层、箱体、电缆保护管、线槽等要求可靠电气接地。

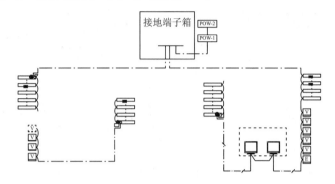

图 2-32　车站 AFC 接地系统示意

五、紧急系统介绍

(一)紧急系统构成(图 2-33)

紧急系统由紧急按钮控制盒、火灾报警系统(Fire Alarm System,简称 FAS)和安装在综合监控系统的综合后备盘(Integrated Backup Panel,简称 IBP)的紧急按钮组成。紧急按钮与来自 FAS 的紧急状态输入(干触点)并联,连接到紧急按钮控制盒。紧急按钮控制盒通过信号线与闸机和 SC 相连接,主要用于紧急情况下疏散乘客。

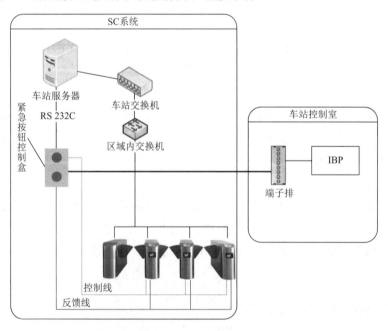

图 2-33　紧急系统构成示意

(二)紧急控制盒

紧急控制盒由一系列指示灯和线缆接口组成,每个指示灯指示其所控制回路的闸机紧急释放状态,当闸机紧急释放时指示灯为红色,通过硬线连接到各个闸机的紧急控制模块。紧急控制盒部署在车站的 SC 机柜内。

紧急控制盒的各端口(图 2-34)分别为如下所述。

图 2-34　紧急控制盒端口

(1)1 个 RS 232 接口:通过 RS 232 信号线与计算机连接,向计算机发送状态信息。

(2)1 个电源接口:连接到单相交流 220V 电源。

(3)3 个 IBP 接口(EB1、EB2、EB3):即 3 个紧急按钮接口,最多可接三路 IBP 控制/反馈线路。

(4)8 个紧急输出控制接口及一个预留紧急输出接口。

(三)紧急信号控制

1. IBP 控制信号(图 2-35)

(1)IBP+ 及 IBP-:IBP 控制输入信号。信号类型为无源常开干接点信号,当任何一路输入导通状态时启动紧急模式。

(2)L1-24V 及 L1-GND:输出信号,信号类型为 DC24V,最大 0.5A 电压信号,分别对应三路紧急按钮输入信号。当任何一路紧急按钮信号启动紧急模式时,向对应的 IBP 紧急启动指示灯输出 24V 电压,在正常状态时输出 0V 电压。

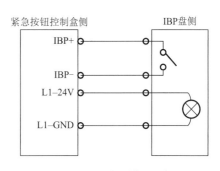

图 2-35　IBP 控制信号示意

2. FAS 控制信号(图 2-36)

(1)FAS+ 及 FAS-:FAS 紧急启动输入信号。信号类型为 0V 或 DC24V。自保持电压信号,输入 DC24V 时启动紧急模式,输入 0V 时为正常状态。

(2)OUT1 及 OUT2:AGM 闸门放行反馈输出信号。信号类型为无源常开干接点信号,可以承受的最大有源负载为 30V/0.5A,无正负极性。紧急按钮控制盒检测到 AGM 机组进入紧急情况且闸门紧急打开反馈输入信号时,这三组输出端同时输出导通信号,正常情况下同时输出断开信号。

3. 紧急控制盒与闸机紧急控制(图2-37)

(1)E1及E2:紧急模式启动输出信号。输出信号类型为无源常开干接点信号,紧急模式时输出导通状态信号,正常情况下输出断开信号。该接点最大可承受30V/1A的有源负载。

(2)AG+及AG-:AGM机组闸门紧急打开反馈输入信号。输入信号类型为无源常闭干接点信号,AGM机组闸门紧急打开时输入断开信号,正常情况下输入导通信号。

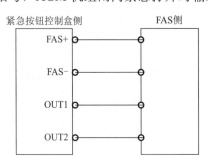

图2-36 FAS控制信号示意

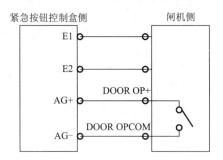

图2-37 紧急控制盒与闸机紧急控制示意

第四节 车站终端设备

一、SLE介绍

SLE主要由TVM、BOM、AGM、TCM、PCA构成。主要功能有:接收SC参数及命令,完成规定操作及信息提示;生成并上传全部交易数据、审核数据,生成日志数据;按要求存储数据;设备故障自诊断和故障提示;在发生通信故障时能独立运行,并能实现数据导出功能,通信故障恢复后自动上传数据等。

二、TVM介绍

TVM安装在车站非付费区内,由乘客自行操作,通过人机交互的图文界面,让乘客自助购买地铁单程票及进行储值票充值。TVM支持纸币和硬币两种支付方式,并提供硬币清点功能以满足现金清点的需要。TVM可提供多种服务模式供车站进行选择。例如只售票模式、只充值模式、只收纸币模式、只收硬币模式、不找零模式等。TVM与SC通过网络连接,TVM接收SC下发的参数、软件及控制命令,并向SC上传交易数据、业务数据及状态数据。

当 TVM 与 SC 的网络中断时,TVM 可脱机独立运行,当网络连接恢复后,TVM 自动上传未上传的数据。

(一)设备结构(图 2-38)

TVM 主要由主控单元、单程票发送模块、读卡器、乘客显示器、纸币识别处理模块、纸币找零模块、硬币处理模块、运行状态显示器、维修面板、电源模块以及机械外壳等模块和组件构成。同时机柜内部还预留了网络交换机的安装空间。

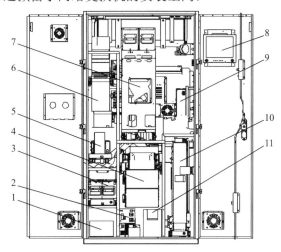

图 2-38 TVM 内部主要模块布局示意

1-主电源;2-配电箱;3-硬币回收箱;4-纸币找零模块;5-凭条打印机;6-纸币接收模块;7-硬币处理模块;8-维护面板;9-工控机;10-发卡模块;11-交换机

图 2-38 中各模块介绍如下。

(1)主电源:为 TVM 内的模块提供稳定的直流电源。

(2)配电箱:安装漏电断路器和维修插座,为 TVM 内部使用的交流(AC)电源分配连接端口。

(3)硬币回收箱:设置 2 个回收箱,每个存币不少于 1000 枚,主要提供硬币的回收功能。

(4)纸币找零模块:当需要找零时,向外输出找零用的纸币。

(5)凭条打印机:完成单据的打印工作。

(6)纸币接收模块:提供纸币的接收、识别、存储等功能,可以接受至少 13 种不同的纸币。

(7)硬币处理模块:提供硬币的接收、识别、暂存、找零等功能,主要包括硬币接收识别模块、硬币回收箱、硬币暂存器、找零模块等。

(8)维护面板:为操作人员显示操作菜单,显示整机及各个功能模块的工作状态。

(9)工控机:主要负责运行控制软件,提供车票处理、通行控制、数据通信、状态监控等功能。

(10)发卡模块:乘客通过选择购票及投币后,发卡模块能自动完成供票、赋值、检票及出票的处理过程。

（11）交换机：预留设备。

（二）系统结构

TVM通过主控单元驱动各功能模块，以实现相关的业务功能。各模块的电气连接如图2-39所示。

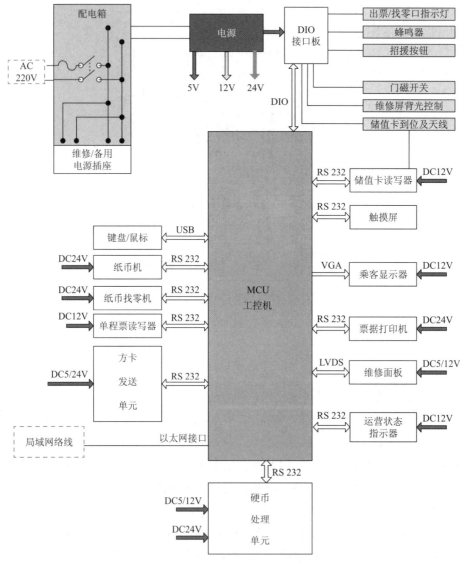

图2-39　TVM电气连接示意

（三）功能说明

1. 运营开始

运营开始是使设备通过约定的程序进入可以正常运营的状态的功能。TVM运营开始时会进行设备自检和各部件模块的初始化,发生故障时会进行自恢复处理,无法自恢复的故障需要记录故障业务数据并上报 SC。此外,还要进行时钟同步,参数/软件同步,充值密钥认证卡(ISAM 卡)签到,检查运营日等。

2. 运营结束

TVM 运营结束后会进行结算处理,上传审计数据,生成运营结束业务数据,寄存器数据和日志数据,备份交易数据、业务数据和其他重要数据,清理过期数据,签退 ISAM 卡。

3. 售票

TVM 根据乘客的操作进行轨道交通专用车票的售票处理,乘客可通过 TVM 购买一张或者一次购买多张单程票。当乘客接近 TVM 时,其界面自动切换为主界面。当乘客投入钱币时 TVM 检查投入的纸币或者硬币的真伪,并根据真伪进行收入或者退回操作。

4. 充值

TVM 根据乘客的操作进行储值票的充值处理。乘客可根据 TVM 界面的操作提示进行充值操作,在操作过程中伴有相应的语音提示。

5. 操作员登录与登出

操作员登录是指操作员登录 TVM 时输入用户名和密码,TVM 对操作员编号、操作员密码、有效期等进行验证,并向 SC 发送登录请求,由 SC 对操作员是否被停用、锁定,密码是否被终止或者是否重复登录进行验证,并将验证结果反馈给发起设备的功能。

操作员登出是指操作员在 TVM 界面上进行退出操作,TVM 并发送登出请求,通知上位服务器操作员已经登出的功能。

6. 操作员锁定

操作员锁定是指当操作员连续 3 次登录失败时,TVM 锁定操作员账户,并将锁定信息上报 SC 的功能。锁定的操作员账户不能登录,必须由人工解锁或下次运营开始时自动解锁后方可使用。

7. 交易查询

授权操作员登录 TVM 后,可逐条查看 TVM 最近 100 条交易信息,并检查交易执行结果和错误原因以确认是否存在票卡处理错误或失败情况及其原因。

8. 销售、现金查询

授权操作员登录 TVM 后,可查询 TVM 本日的销售统计及现金收付情况。

9. 数据传输情况查询

授权操作员登录 TVM 后,可查询 TVM 数据(含交易数据和业务数据)传输情况,以确认是否存在未上传的数据。

10. 系统状态查询

授权操作员登录 TVM 后,可查询 TVM 设备设置信息、网络状态、服务模式、部件状态(打印机、票卡处理模块、硬币/纸币处理模块)、钱箱状态、票箱状态等。

11. 服务模式设置

服务模式设置是指 TVM 接收 SC 模式控制命令或由授权操作员在本机通过自定义设置 TVM 的运行模式。TVM 上可设置的服务模式有：无找零模式、拒收硬币模式、只充值模式、只售票模式、拒收储值票售票模式、只收硬币发售单程票模式（拒收纸币模式）、正常模式、暂停服务模式等。

12. 票箱/纸币箱更换

操作员可在操作界面上选择票箱/纸币箱更换功能，根据提示信息将原票箱/纸币箱卸载，将待安装的新票箱/纸币箱安装在设备上。更换结束后，TVM 会检查票箱/纸币箱的合法性（检查箱体是否安装到位、RFID 信息是否正确）。

13. 参数/程序版本检查

授权操作员登录 TVM 后，查看 TVM 当前下载和使用的各类参数（含票价表等关键参数）版本及程序版本信息，以确认 TVM 使用正确的参数、程序进行工作。如版本有误，可在 SC WS 上控制 TVM 进行参数/程序同步，或通知维修人员进行处理。

14. 结算处理

TVM 运营结束时会根据各钱箱、票箱的清点金额进行结算处理，统计当天的销售信息并上传给 SC。

15. 设备设置

授权操作员登录 TVM 后，可对 TVM 的基本设置信息进行修改。修改的内容包括：设备 ID、设备所在线路及车站、本机的 IP 地址等网络设置、SC 的 IP 地址等。

16. 测试/检测模式

在该菜单下可以对 TVM 内部各个模块进行测试，判断模块运行状态。此外还可以进行网络连接状态检测、招援按钮检测、人体感应器检测、储值票处理机构检测、车票发行机构检测、硬币处理单元检测、纸币处理单元检测、纸币找零单元检测、打印机状态检测等。

17. 数据导入导出

授权操作员登录 TVM 后，可使用外部存储设备在 TVM 上导入软件、参数、交易数据等，同时也可以导出未上传的交易数据、设备的运行日志等。

（四）设备规格

1. 基本规格

TVM 基本规格包括如下方面。

（1）输入电源：220V+（10%～15%），50Hz±4%。

（2）外形尺寸不大于：900mm（宽）×850mm（深）×1800mm（高）。

（3）车票处理速度：≤1s/张（从票盒至出票口）。

（4）硬币发售速度：≤3s/张（从最后一枚硬币投入到出票）。

（5）纸币发售速度：≤6s/张（从最后一枚纸币投入到出票）。

（6）硬币检测准确率：≥99.9%。

（7）纸币检测准确率：≥99.99%。

（8）纸币识别速度：＜2s/张。

（9）纸币器接受纸币种类：4个方向，13种。

（10）纸币回收箱容量：≥1000张。

（11）纸币找零箱容量：≥2×500张。

（12）硬币钱箱容量：≥2000枚。

（13）硬币找零箱2个：1×700枚1元，1×1000枚5毛。

（14）车票存储容量：≥2×1000张。

（15）废票箱容量：≥300张。

（16）与车站计算机通信接口：工业级以太网接口。

（17）可靠性：平均无故障次数（Mean Cycle Between Failure，简称 MCBF）≥10万次，平均故障恢复的维修时间（Mean Time To Refair，简称 MTTR）≤30min。

2. 机械结构

TVM的内部机械结构框架和支架、外部门/盖/面板主要采用2.0mm不锈钢材料，部分采用不低于2.5mm不锈钢材料，在成型、焊接、表面抛光及其他所需相关材料的制作及抛光方面符合美国材料与试验协会（ASTM）标准（或类似标准）。设备外部门/盖/面板不锈钢外表面均经过无指纹及拉丝处理。设备中的塑料件及表面贴膜均采用高硬度、阻燃材料制作。

3. 部件规格

（1）主控单元

TVM的主控单元采用嵌入式、宽温、低功耗免风扇的工业计算机产品。主要功能包括软件的控制运转、驱动纸币处理模块、硬币处理模块、单程票发售模块、读写器等部件工作、车票处理、现金处理、数据处理、数据记录、数据通信、状态监控等功能。主控单元选用工业级计算机来实现，能保证整机全天24h不停机地稳定运行，并具备足够的控制及处理能力以完成指定任务。所选工控机为模块化设计产品，其在物理空间及功能上均满足产品互换性要求，便于维修与更换。主控单元采用非易失性存储介质保存数据，有效避免在电源故障时损坏数据。并且同时配置了DOM盘和CF卡，通过镜像技术将数据进行二重备份。即使其中一种存储介质损坏，重要数据也不会丢失，有效保证了数据的存储安全。主控单元内置实时时钟可以维持当前日期和时间，其准确性满足至少±1s/日的要求，并且可以在电池供电的状态下工作。

主控单元的规格如下所述。

①处理器：Built-in Intel® Atom™ D425，1.8 GHz Dual Core CPU，512kB L2 Cache。

②内存：DDR3 800/667，板载1GB。

③视频：共享内存256 MB SDRAM，2×VGA。

④网络:100M/1000M 以太网,2×RJ45 接口。
⑤音频:AC97 audio。
⑥电子盘:(DOM) 4GB。
⑦ CF 卡:2GB。
⑧看门狗:1～255 level(m/s),可编程看门狗定时器。
⑨实时时钟;内置实时时钟,误差不大于 ±1s/日。
⑩网络唤醒:支持。
⑪I/O 接口:6×USB 2.0 端口、24 路 I/O、16× 串行端口(其中 14 个支持 RS 232/ 422/485)、1×PS/2(可选)、1× 并口(可选)。
⑫OS:WinXPe。
⑬可靠性:平均故障间隔时间(Mean Time Between Failure,简称 MTBF)≥ 10 万 h。
⑭操作温度:-20～60℃。
⑮操作湿度:5%～90%,不结露。
⑯存储温度:-40～85℃。
⑰存储湿度:5%～90%,不结露。

(2)单程票发售模块(图 2-40)

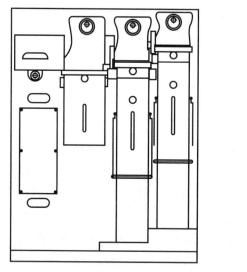

图 2-40　单程票发售模块外观示意

单程票发售模块由供票单元、票卡传送单元、出票单元、控制单元等组成。单程票发售模块接收主控单元的指令发售地铁单程车票,在发售过程中,将票种、票价等信息写入车票中。单程票发售模块配有 2 个储票箱,每个储票箱的容量为 1000 张车票。还配置了 1 个废票箱,用于收纳发售过程中被检测为不合格的车票,废票箱的容量为 300 张车票。如果出售同种车票,当一个票箱中没有车票后,可以从另一个票箱中取票发售。TVM 中所使用的储票箱、废票箱在外形尺寸、容量、锁具等方面,与 AGM、BOM 中所使用的应保持一致,以便

(3) 读写器

TVM 设有单程票发售读写器和储值卡读写器,由控制器和天线单元组成。

(4) 前面板

TVM 前面板的主材料为不锈钢,可嵌入结构。面板上各组件的布放及位置符合人体工程学的设计要求,并有明确的文字标识。为了便于乘客操作,TVM 的前面板设计成向前倾斜,方便乘客观看显示内容及进行相关的购票、充值操作。面板上的图形及文字大小适中、印刷清晰,色彩与整体风格相协调。前面板上各组件的布局如图 2-42 所示,其中各组件功能分别如下所述。

图 2-42　TVM 前面板布局

① 乘客操作指南:向乘客提供购票及充值交易的具体操作步骤,同时指示触摸屏、乘客显示器、硬币投币口、纸币投币口、储值票插入口、出票找零口、票据出口等操作区域的具体位置。

② 运营状态显示器:实时显示 TVM 当前的运营状态,提示乘客可进行的操作。

③ 乘客显示器(外附触摸屏):为乘客查看信息、输入交易指令的操作界面。

④ 硬币投币口:开口适中、通过闸门控制,平时关闭以防止异物进入,当允许接收硬币时闸门打开。

⑤ 纸币投币口:乘客购买单程票或对储值票充值时的纸币放入口。

⑥ 储值票入口:充值时储值票的放入口。

⑦ 出票口:单程票的输出口,外有活动挡板缓冲设计,防止票卡飞出或反弹,内有导流孔,使意外进入的液体迅速排出并防止异物进入。

⑧ 找零口:找零硬币与纸币的输出口,外有活动挡板缓冲设计,防止钱币飞出或反弹,内有导流孔,使意外进入的液体迅速排出并防止异物进入。

⑨ 票据打印口:充值交易凭证的打印输出口。

⑩ 招援按钮:乘客遇紧急情况时与车站管理人员联系的触发按钮。

⑪ 人体感应器:检测是否有乘客接近 TVM 准备进行操作,以切换显示器的显示内容。

⑫ 银行卡入口(预留):暂封闭,当安装银行卡读写器并启动银行卡服务时开启。

⑬ 密码键盘(预留):暂不安装,用盖板覆盖,当启动银行卡服务时再进行安装。

(5) 乘客显示屏

乘客显示器安装于 TVM 前面板乘客操作区内,用于显示乘客购票及充值过程中的相关操作信息。乘客在乘客显示屏上进行相关操作,从而实现购买单程票及对储值票进行充值的功能。乘客显示器采用 TFT 高亮度液晶显示屏,具有抗电磁干扰,刷新频率高等特点。显示器采用模块化封装,通过显示信号线和电源线与其他模块连接,在地铁环境下不闪烁。乘客显示器与主控单元连接,能显示中文、英文两种语言,设备默认显示中文,可通过触摸屏切换语言。

TVM乘客显示屏的技术规格如下所述。

①显示类型：TFT-LCD。

②尺寸：比例4∶3，对角尺寸为19.0英寸。

③屏幕分辨率：1280×1024。

④颜色：32位真彩色（1670万）。

⑤屏幕刷新频率：75Hz。

⑥屏幕亮度：≥300 cd/m^2。

⑦对比度：500∶1。

⑧可视视角：水平视角≥160°；垂直视角≥160°。

⑨响应时间：≤8ms。

⑩灯管寿命：5万h。

⑪LCD寿命：5万h。

⑫信号接口：视频传输标准（Video Graphics Array，简称VGA）或信号传输模式（Low-Voltage Differential Signaling，简称LVDS）。

⑬工作电压：12V±10%。

⑭消耗功率：35W。

（6）触摸屏

触摸屏附于乘客显示器的外表面，与乘客显示器的尺寸一致，用于接受乘客购票过程中的选择与确认指令。乘客显示器的触摸区布局合理，方便选择与操作，乘客可在乘客显示器上直接对所看到的车站和车票信息进行选择操作，这增大了乘客操作区域，从而避免出现误选、重选现象。

触摸屏必须具备抗磨耐用、防水、防爆、防腐蚀、抗干扰等特性，如此，才能具备较强的环境适应能力。

触摸屏的技术规格参数如下所述。

①类型：红外触摸屏。

②尺寸：4∶3，对角尺寸为19.0英寸。

③有效感应区：整个显示区域。

④定位精度：2mm。

⑤响应时间：≤16ms。

⑥分辨率：4096×4096。

⑦输入介质：手指、带手套的手指、软笔尖。

⑧透光率：90%～92%（按ASTM D1003—92标准）。

⑨工作温度：屏体（-20～50℃）、控制器（0～65℃）。

⑩贮存温度：屏体（-40～70℃）、控制器（-25～85℃）。

⑪湿度：10%～90%（40℃，无结露）。

⑫耐久性:抗刮擦,可承受超过 5000 万次以上的单点触摸。

⑬表面硬度:莫氏 7 级。

⑭防护等级:NeMa4 或 IEC IP65。

⑮静电保护:符合 EN61000-4-2 标准。

⑯抗光干扰:0～170°内无干扰。

⑰火灾延迟:符合 UL—94HB 标准。

⑱安规认证:FLCC A 级,CE。

⑲电源:5.3V,200mA。

⑳平均功耗:1W。

㉑通信接口:RS 232/RS 422。

㉒传输速率:9600bs。

(7)运营状态显示器

运营状态显示器安装于 TVM 前面板的正上方,根据 TVM 当前运营模式和操作模式显示运营服务文字信息。所显示的信息保存在参数文件内,可通过 SC 下载。显示信息可以根据运营模式和操作模式的变化进行自动更新,如"服务中""暂停服务""无找零""只收硬币""只收纸币""只售单程票""只充值""停止服务""运营结束"等。运营状态显示器采用 LED 技术,支持《信息交换用汉字编码字符集 基本集》(GB 2312—1980)国家标准编码的一、二级字库,英文字母,阿拉伯数字。通过 TVM 控制程序发送的信息,可实现汉字和英语交替显示。运营状态显示器支持图形显示,通过事先编辑可实现简单的图形及动画显示。

运营状态显示器的技术规格如下所述。

① LED 封装工艺:表贴式封装。

②结构说明:每像素点采用一颗 1 红 1 绿二合一表贴发光管。

③点径:$\phi 4$。

④像素组成:1 红 +1 绿。

⑤显示颜色:红色、绿色、黄色(橙色)。

⑥显示字符:中文、英文和数字(带 GBK 或 GB2312 字库)。

⑦中文字符像素点数:16 点 ×16 点。

⑧英文字符像素点数:8 点 ×16 点、16 点 ×16 点。

⑨像素点数:160×32=5120 点;可显示 16×16 点阵汉字 2 行;每行 10 个汉字或 20 个英文字符。

⑩屏幕亮度:$\geqslant 1500 cd/m^2$。

⑪屏幕水平视角:$\geqslant 140°$。

⑫屏幕垂直视角:$\geqslant 120°$。

⑬可视距离:$\geqslant 30m$。

⑭工作环境温度:-10～50℃。

⑮工作环境相对湿度:10%～80%RH。

⑯连续使用时间:＞24h。

⑰平均无故障时间:＞1万h。

⑱使用寿命:≥10万h。

⑲屏幕温升:＜15℃。

⑳离散失控点:1/10000。

㉑连续失控点:无。

㉒屏幕平整度:整屏＜1mm。

㉓防护性能:防潮、防尘、防高温、防腐蚀、防燃烧、防静电、防雷、抗震等。

㉔工作电压:12V。

㉕功耗:30W（平均）。

㉖通信接口:RS 422/RS 232。

(8)硬币处理模块(图2-43、图2-44)

硬币处理模块的主要功能是对国内流通的1元和5角硬币进行识别储存,并根据外部控制通过储存的硬币来实现找零。硬币的接收方式有统一进款、识别计数、根据硬币类别进行分类,以及对模块内部每一枚硬币进行分离识别后的币种暂时保存。需要找零时按照计数结果一起出款。硬币的回收按币种是从每个回收口各一枚向模块外部出款硬币的。

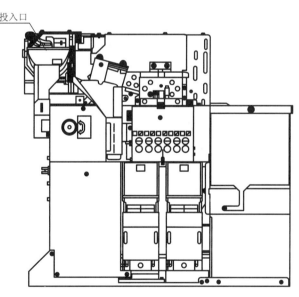

图2-43 硬币处理模块结构示意

(9)纸币处理模块(图2-45)

纸币处理模块是识别乘客投入TVM的纸币的机械模块,安装在TVM上,可识别当前流通的所有面额的人民币纸币。纸币处理模块装有一个储钞箱,被识别并接收的纸币将会被传送到储钞箱。纸币处理模块具有暂存机构（Escrow）。暂存机构最多可以保存15张纸币。乘客投入的纸币,在交易完成前,暂时存放在暂存机构。交易完成时,保存的纸币进入储钞箱。交易被取消时,保存在暂存机构中的纸币被送到纸币退币口,乘客可取走退出的纸币。纸币处理模块包括纸币识别部分、纸币钱箱、纸币钱箱ID板及纸币模块皮带等,都是原厂产品。传动部分为金属材质结构,其寿命与产品最终使用寿命一致。

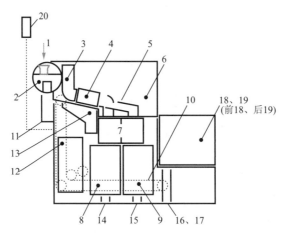

图2-44 硬币处理模块各组成部件说明

1-投入口;2-出币口;3-送入部;4-识别部;5-分类部;6-进款计数部;7-暂存部;8-1元循环hopper;9-5角循环hopper;10-出币传送部;11-出币口;12-控制主板;13-返回弹道;14-1元循环hopper回收口;15-5角循环hopper回收口;16-5角备用找零钱箱回收口;17-1元备用找零钱箱回收口;18-5角备用钱箱;19-1元备用钱箱;20-投入口电磁铁

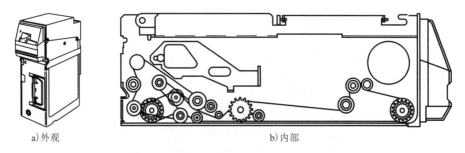

a) 外观　　　　　　　　　　　　b) 内部

图2-45 纸币处理模块示意

(10)储值票处理模块(图2-46)

储值票处理模块是对乘客储值票进行收纳、读写,以完成卡片充值的部件,由储值票插卡装置和读写器构成。乘客进行充值时,所插入的储值票完全封闭在储值票处理模块内,并被锁定,保证了整个充值过程中乘客接触不到储值票。充值结束或被取消后,插卡装置会自动解锁,方便乘客取走储值票。

(11)后维修面板模块(图2-47)

后维修面板模块是设备后维护的重要部件,固定于TVM内部。后维修面板模块包括显示屏、输入键盘等。

后维修面板模块用来为操作人员显示操作菜单,显示整机及各个功能模块的工作状态,是操作人员和维护人员的显示、输入终端,帮助设备维护人员对设备进行运营维护,以及对主要部件进行各种自动检测、诊断,并提供维护维修的操作界面,显示设备的相关工作状态信息。

图 2-46　储值票插卡装置　　　　　图 2-47　后维修面板模块

（12）打印机（图 2-48）

TVM 中装配了一台高速热敏打印机,用于打印充值交易凭证（乘客可凭交易凭证到服务中心兑换发票）及操作员的结账、维护信息。通过设定,可打印地铁运营线网所有要求打印的内容及线网站点名称。

打印机内安装有无纸传感器、黑标检测传感器,可检测出有/无纸和纸张堵塞的故障。打印机的安装、维护方便,具有自动进纸功能,进行换纸和打印头清洗时无须借助工具便可完成。同时,打印机具备自动切纸控制及实时状态检测的功能。

（13）纸币找零模块（图 2-49）

TVM 中装配有纸币找零模块,可以向外输出找零用的纸币,与硬币处理模块共同实现找零功能。纸币找零模块一般采用轻巧紧凑的外形,多钞箱出钞的模式。通常出钞模块标配 2 个钞箱,每个钞箱容量为 500 张纸币,也可以逐一增加到 6 个钞箱。此外,纸币找零模块应满足实时监测钱箱内剩余纸币情况的要求,如少、空等状态,并可通过主控单元将上述状态上送至 SC。

图 2-48　打印机　　　　　图 2-49　纸币找零模块

（五）与外部系统接口

TVM 上报至 SC 的数据包括：交易数据——单程票售票交易、储值票充值交易等；业务数据——票箱库存报告、钱箱数量报告、票箱更换、钱箱更换、日结数据、钱箱清空数据、ISAM 签到/签退、参数切换数据、参数和程序下载业务数据、设备寄存器数据、操作日志、TVM 现金核算数据、时钟同步数据等；状态数据——设备完整状态数据、状态变更数据、故障状态数据等。

TVM 可从 SC 接收的数据包括：参数数据——ACC 参数、AFC 系统参数；程序数据——主控应用程序及部件程序；控制数据——开机控制命令、运营结束控制命令、关机控制命令、运营模式控制命令、服务模式控制命令、24h 运营控制命令、延长运营控制命令、硬币清空命令、TVM 售票限制命令、强制时钟同步命令、参数更新控制命令、软件更新控制命令等。

三、AGM 介绍

AGM 设置在付费区与非付费区的交界处，是乘客在付费区与非付费区之间进出时自动验票和放行的自动检票设备。AGM 分为进站 AGM、出站 AGM、双向 AGM 和宽通道双向检票机四种：进站 AGM 在乘客从非付费区进入付费区时完成自动验票和放行功能，出站 AGM 在乘客从付费区到非付费区时完成自动验票和放行功能，双向 AGM 兼有进站 AGM 和出站 AGM 的功能，宽通道双向 AGM 同双向 AGM，只是通道宽度不一样。

（一）设备结构（图 2-50）

AGM 主要由主控单元、单程票回收模块、读卡器、乘客显示器、扇门单元、乘客传感器、方向指示器、警示灯、蜂鸣器、维修面板、电源模块以及机械外壳等模块和组件构成。

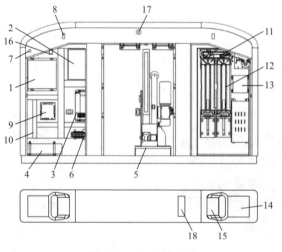

图 2-50　AGM 结构示意

1- 主控单元；2-PCM 板；3- 电源模块；4- UPS；5- 扇门模块；6- 交流配电模块；7- 乘客传感器（对射型）；8- 乘客传感器（漫反射型）；9- 主/从连接板；10- 走线槽；11- 单程票回收模块；12- 储票箱；13- 读卡器；14- 车票读写区；15- 乘客显示器；16- 维修门开关；17- 维修门锁；18- 警示灯

图 2-50 中各模块介绍如下。

（1）主控单元：主要负责运行控制软件，实现车票处理、通行控制、数据通信、状态监控等功能。

（2）通道控制模块（PCM 板）：主要用来进行乘客通行逻辑控制，方向指示器控制，以及紧急放行控制。

（3）电源模块：为 AGM 内的模块提供稳定的直流电源。

（4）UPS。

（5）扇门模块：控制乘客进入付费区或从付费区出来。

（6）交流配电模块：安装漏电断路器和维修插座，为 AGM 内部使用的交流电源分配连接端口。

（7）乘客传感器（对射型）：检测乘客通行。

（8）乘客传感器（漫反射型）：检测儿童通行。

（9）主/从连接板：连接一个通道的主/从两台 AGM。

（10）走线槽：布线用，使 AGM 内部整齐美观。

（11）单程票回收模块：回收乘客出站时的单程票。

（12）储票箱：存储单程票。

（13）读卡器：读写各类车票。

（14）车票读写区：标有明确提示信息，是车票可以读写的区域。

（15）乘客显示器：为乘客提示各种信息，可以动态显示信息。

（16）维修门开关：用于检测维修门是否被打开，当维修门被打开时，AGM 进入维护模式。

（17）维修门锁：用于锁定维修门，防止无关人员随意打开维修门。

（18）警示灯：用于指示 AGM 指定的状态，例如无效卡、票箱满等。

（二）系统结构（图 2-51）

AGM 通过主控单元驱动各功能模块，以实现相关的业务功能。

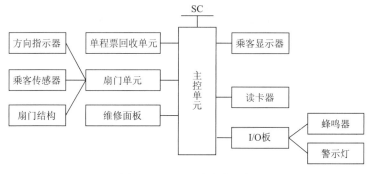

图 2-51 AGM 逻辑架构示意

(三)功能说明

AGM 可在 LC 规定的各种运营模式下运行。AGM 根据 SC 的模式命令、紧急按钮控制器、LC 的控制命令和运行参数及紧急按钮的信号来转换运营模式。AGM 与 SC 通过网络进行连接,AGM 可由 SC 进行远程控制。AGM 接收 SC 下发的参数、软件及控制命令,并向 SC 上传有关的车票处理交易、审计及运行状态等数据。另外在设备状态发生变化时,AGM 也立即向 SC 发送运行状态数据。AGM 的运行状态包括开/关/检测、回收票箱状态、故障、通信中断、错误编码、开放通道等。AGM 可以接受 SC 或 LC 的控制命令和运行参数,至少包括通道进/出、关闭、票价表、黑名单、查询状态、降级和紧急运营模式命令等。当 AGM 与 SC 网络中断时,AGM 可脱机独立运行,具有离线工作及数据保存能力。离线工作时,AGM 能至少保存 15 天的交易数据和设备数据;当通信恢复时,AGM 能将保存的交易数据及时上传给 SC。

AGM 针对各种不同的车票,按照不同的使用范围及用途采取上述有效性检查。对于未通过有效性检查的车票,AGM 在乘客显示器上显示检查拒收的原因和车票拒收代码,并指示乘客到票务处进行相应的处理,如更新、补票等。当 AGM 检测出乘客使用的车票属于黑名单时,除了进行有效性检查部分的处理外,还会将车票的编号上传给 SC,同时根据不同的黑名单采取相应的处理模式(通过参数设置)。处理模式内容包括车票使用限制(打开或关闭闸门)、显示相应的提示画面、警示灯点亮相应颜色组合、蜂鸣器发出相应的报警音等。

1. 运营开始

当 AGM 开机并接收到 SC 下达的运营开始命令或到达运营时间表设定的运营开始时间时,AGM 进行运营开始业务。当运营开始业务成功执行后,AGM 才可以进入正常运营的状态。

2. 运营结束

当 AGM 到达运营时间表规定的运营结束时间、收到 SC 下发的运营结束控制命令或者 AGM 操作员通过维护界面执行运营结束命令时,AGM 进行运营结束业务。AGM 运营结束是设备结束该运营日运营、清理数据,为第二天运营作准备的功能。

3. 执行运行时间表

当运行时间表中有计划任务的执行时间设定时,AGM 可以自动执行计划任务并向 SC 上报执行结果,并根据需要记录必要的操作日志。

4. 数据审计

AGM 产生的所有交易数据、业务数据将自动、实时地组包上报至 SC。SC 通过 AGM 上报的"时间间隔记录数量"信息(包含指定时间间隔内 AGM 发送的所有交易、业务数据包的标识信息及包中记录数)与实际收到的交易/业务数据包进行核对,以审计 SC 与 AGM 之间数据传输的一致性和完整性,如出现不一致情况,则要求 AGM 补传遗漏的数据包。AGM 的主控单元中设有电子形式且不可复位的数据寄存器,用于记录所有 AGM 交易过程中各种车票的处理张数、交易金额等统计数据。SC通过AGM上报的这些寄存器数据与先前收到的交易数据进行核对,以审计AGM交易数据的准确性。

5. 操作员登录与登出

AGM操作员进行设备维护时,必须进行身份、权限认证。授权的操作员可通过输入操作员编码、密码登录AGM进行维修维护操作。AGM验证操作员密码并进行权限检查,只允许操作员执行具有合法授权的功能。当AGM还未从SC下载操作员权限参数时,将进入默认权限,操作员可以对AGM基础信息进行维护。已登录的操作员在完成AGM维护工作后,可选择退出登录。当操作员登出后,AGM界面返回至操作员登录界面,等待操作员再次登录。

6. 票箱更换

票箱更换包含票箱卸下、安装功能,授权操作员登录AGM后,便可以选择。票箱卸下、安装功能将会改变操作员手中的票卡库存以及设备上的票卡库存。当选择票箱安装功能后,操作员根据提示信息将票箱安装到AGM上,AGM检查票箱合法性,并根据需要记录必要的操作日志,储存票箱安装业务数据,更新AGM状态并向SC上报状态变更数据。当选择票箱卸下功能后,AGM保存票箱当前状态并将当前状态写入票箱电子标签。操作员根据提示信息将票箱从设备上卸下。AGM根据需要记录票箱编号、票箱内车票数量及更换时间等信息,储存票箱卸下业务数据,更新AGM状态并向SC上报状态变更数据。

7. 交易查询

授权操作员登录AGM后,可以逐条查询AGM最近的交易信息(可查询记录条数由系统参数设定),以确认是否存在票卡处理错误或失败的情况及其原因。

8. 服务模式设置

授权操作员登录AGM后,可以设置AGM当前的运行模式。运行模式设置成功后,AGM依据操作员指定的服务模式运行并将模式变更通报SC。AGM可设置为正常服务模式、暂停服务模式、延长运营模式、通道模式、扇门工作模式。仅当AGM脱机时,才允许操作员对服务模式进行设置。

9. 检票进站

乘客检票进站时,若车票检查有效,AGM在车票内写入相关进站信息,并对写入的数据进行校验,做允许通行处理;若车票检查无效,AGM不在车票内写入任何信息,做禁止通行处理。

10. 检票出站

乘客检票出站时,若乘票检查有效,AGM在车票内写入相关出站信息,并对写入的数据进行校验,做允许通行处理;若车票检查无效,AGM不在车票内写入任何信息,做禁止通行处理。对于无须回收的有效车票,在通过出站AGM或双向AGM出站时,扣除相应的资费或乘次,并将车票的余额或乘次信息在乘客显示器上显示,如车票无效则提示乘客到票务处进行相关处理。对于需要回收的有效车票,在通过出站AGM或双向AGM出站时回收,如果车票无效则会被传送到退票口并停留在退票口处,同时发出声光提示乘客将车票取走。

11. 乘客通行控制

AGM 成功读取乘客票卡后,在乘客通行过程中,AGM 还需要对显示屏、警报提示灯、通行指示器等部件进行控制,下面对 AGM 处理各种乘客通行的情况进行说明。

(1)允许乘客进站

根据有效票的提示允许 1 名乘客通行。当 2 张以上的票同时放入读写区时,AGM 能检测到 2 张以上的车票,但对这些车票都不进行处理。

当检测到的 1 张车票判定为有效票时,打开门允许乘客通行,同时显示向导画面,乘客在通过 AGM 门的位置后,关闭门,同时画面消失。门的状态为常开时,维持开门的状态。

(2)允许乘客出站

根据有效票的提示允许 1 名乘客通行。当 2 张以上的票同时放入读写区时,AGM 能检测到 2 张以上的车票,但对这些车票都不进行处理。

当检测到的 1 张车票判定为有效票时,打开车票回收部的舌档和自动门,允许乘客通行,同时显示向导画面,乘客通过 AGM 门的位置后,关闭门,同时画面消失。门的状态设定为常开时,维持打开门的状态。

(3)连续处理乘客票

对有效乘客同一方向的通行可以连续处理。按已连续处理乘客票的数量允许相应数量的乘客通行。

(4)禁止持发生无效操作车票的乘客通行

禁止持无效车票和无票乘客的通行,禁止车票处理过程中无票乘客的通行,禁止紧随有效乘客的无票乘客通行,禁止与有效乘客逆向的无票乘客的通行,禁止持过期票、余额不足票的乘客通行,禁止持同一张票的乘客连续进站、出站,禁止超时逗留的乘客通行,禁止持黑名单车票的乘客通行。当发生卡读取错误或写入错误时,禁止通行。判定为无效操作时,关闭门,禁止乘客通行。乘客从 AGM 的通道中退出时,打开门。门的状态设定为常关时,维持关闭门的状态。当检测到的 1 张车票判定为无效票时,显示禁止进入的向导画面,乘客从 AGM 的通道退出以后,画面消失。

(5)向乘客显示操作向导画面

显示 AGM 的操作状态(服务中或暂停服务),将车票的判定结果作为向导画面进行显示。

(6)将乘客的操作通知给站员

乘客使用无效票或特殊票时,通过灯光和警报通知给站员,乘客强行打开门的时候,通过警报通知给站员。

(7)只受理储值票

票箱满或废票箱满不能再回收车票时,出站 AGM 只受理储值票,如果是持单程票,则不允许该乘客通过。

12. 参数版本检查

授权操作员登录 AGM 后,可以查看 AGM 当前下载和使用的各类参数(含票价表等关键参数)版本信息,以确认 AGM 使用正确的参数进行工作。如参数版本有误,由维修人员进行后续处理。

13. 软件版本检查

授权操作员登录 AGM 后,可以查看 AGM 当前下载和使用的各类软件版本信息,以确认 AGM 使用正确的软件进行工作。如软件版本有误,由维修人员进行后续处理。

14. 紧急按钮控制

AGM 连接紧急按钮,当紧急按钮启动或解除紧急模式时,AGM 立即响应该指令,进入或退出紧急模式。当发生紧急情况时,线路中心、车站值班人员可通过操作计算机终端或按下紧急按钮让所有 AGM 打开,保证乘客无阻碍地离开付费区。同时,在没有电力供应或突然中断电力供应的情况下,闸门的扇门回缩,并处于常开状态以保证乘客无障碍进出。

15. 设备设置

授权操作员登录 AGM 后,可对 AGM 的基本设置信息进行修改。AGM 可修改的内容有:设备 ID、设备所在线路及车站、本机的 IP 地址等网络设置、SC 的 IP 地址、NTP 服务器 IP 地址等。

16. 测试/检测模式

对 AGM 的各个模块和部件进行测试,检查其运行情况。AGM 可以进行检测的内容有:网络连接状态检测,扇门动作检测,通行传感器检测,读写器检测,乘客显示器,通行指示器等部件的检测,声音、报警蜂鸣器检测,票卡回收机构检测等。

17. 数据导入导出

授权操作员登录 AGM 后,使用外部存储设备在 AGM 上导入软件、参数、交易数据等,同时也可以导出未上传的交易数据、设备的运行日志等。

(四)设备规格

1. 基本规格

AGM 基本规格如下所述。

(1)检票机外壳尺寸:标准通道为 1900mm(长)×300mm(宽)×1100 mm(高),宽通道为 1900mm(长)×300mm(宽)×1100mm(高)。

(2)通道宽度:标准通道为 550mm,宽通道为 900mm。

(3)扇门关闭时间距:标准通道为 40mm,宽通道为 40mm。

(4)输入电源:交流电压 220V+10%/-15%。

(5)频率:50 Hz ±4%。

(6)额定功率:≤400W。

(7)处理速度:车票处理速度≤0.3s/张(包括检查、编码、校验等),车票回收处理速度≤0.5s/张(包括检查、编码、校验、无效退出等),扇门完全打开时间≤0.5s(从检查车票有效后开始算起)。

(8)乘客通过能力:无回收车票情况下≥60人/(min·通道),全部须回收情况下≥40人/(min·通道),可检测乘客间距≥300mm。

(9)设备可靠性:MCBF≥10万次。

(10)MTTR:≤30min。

(11)票箱:2个,1000张(每个)。

(12)废票箱:1个,300张(每个)。

(13)通信能力:通信正常的情况下,交易和状态上传到SC的时间≤3s,通信中断恢复后,自动向SC上传未传送的数据,所有数据传送完成时间≤2min。

2. 机械结构

AGM的内部机械结构框架和支架、外部门/盖/面板主要采用不低于2.0mm不锈钢材料,部分采用不低于2.5mm不锈钢,在成型、焊接、表面抛光及其他所需相关材料的制作及抛光方面符合ASTM标准(或类似标准)。设备外部门/盖/面板不锈钢外表面均经过无指纹及拉丝处理。设备中的塑料件及表面贴膜均采用高硬度、阻燃材料制作。

3. 部件规格

(1)主控单元

AGM的主控单元采用嵌入式、宽温、低功耗免风扇的工业计算机产品。主要负责运行控制软件,完成检票处理、通行控制、数据通信、状态监控等功能。主控单元选用工业级计算机来实现,能保证整机全天24h不停机地稳定运行,并具备足够的控制及处理能力来完成指定任务。所选工控机为模块化设计产品,其在物理空间及功能上均满足产品互换性要求,便于维修与更换。主控单元采用非易失性存储介质保存数据,有效避免在电源故障时损坏数据。并且同时配置了DOM盘和CF卡,通过镜像技术将数据进行二重备份。即使其中一种存储介质损坏,重要数据也不会丢失,有效保证了数据的存储安全。

主控单元的规格为如下所述。

①处理器:Built-in Intel® Atom ™ D425,1.8 GHz Dual Core CPU,512 KB L2 Cache。

②内存:DDR3 800/667,板载 1GB。

③视频:共享内存 256 MB SDRAM,2×VGA。

④网络:100M/1000M 以太网,2×RJ45 接口。

⑤音频:AC97 audio。

⑥电子盘:(DOM)4GB。

⑦CF卡:2GB。

⑧看门狗:1~255 level(m/s),可编程看门狗定时器。

⑨实时时钟:内置实时时钟,误差不大于 ±1s/日。

⑩网络唤醒:支持。

⑪I/O 接口:6×USB 2.0 端口、24 路 I/O、16× 串行端口（其中 14 个支持 RS 232/422/485）、1×PS/2（可选）、1× 并口（可选）。

⑫OS:WinXPE。

⑬可靠性:MTBF ≥ 10 万 h。

⑭操作温度:-20 ～ 60℃。

⑮操作湿度:5% ～ 90%,不结露。

⑯存储温度:-40 ～ 85℃。

⑰存储湿度:5% ～ 90%,不结露。

(2)单程票回收模块(图 2-52)

单程票回收模块由储票单元、票卡传送单元、控制单元等组成。单程票回收模块能够回收地铁单程车票并堆叠在票箱中。在回收过程中,检查票卡的合法性并将相应信息写入车票中。当一个回收票箱已满后,可以将车票回收进另一个票箱中。对于错误的车票从插入口退出,并停留在插入口,等待乘客拿走,有效防止票卡飞票现象发生。单程票回收模块配有 2 个储票箱,每个储票箱的容量为 1000 张车票。还配置了 1 个废票箱,用于收纳回收过程中被检测为不合格的车票,废票箱容量为 300 张车票。

AGM 中所使用的储票箱、废票箱在外形尺寸、容量、锁具等方面,与 TVM、BOM 中所使用的应保持一致,以便于互换操作。且储票箱、废票箱的取下和放入操作均非常简单,不需要借助任何特殊的工具。

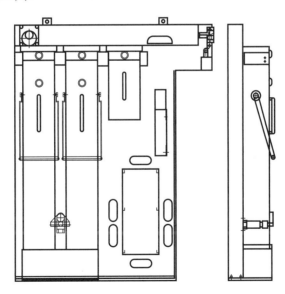

图 2-52 单程票回收模块外观示意

(3)乘客显示器(图 2-53)

AGM 在进站检票机的进站端、出站检票机的出站端和双向检票机、宽通道检票机的两端上盖处设有乘客显示器,采用 6.5 寸 ❶LED 屏,耐用、防冲击、可靠性能高,用于显示车票及维修信息。乘客显示器的安装位置不会影响乘客及其携带的行李通过。双向检票机两端的乘客显示器可以供双方向的乘客使用。

（4）扇门单元(图 2-54)

扇门单元由 PCM、扇门机构组成。宽通道扇门采用伸缩型扇门。扇门的运行方向与乘客通行方向垂直,打开时能够完全缩入 AGM 机壳内。此种设计能够保证持有效车票的乘客通过通道时不会给其他乘客造成伤害或带来不便。扇门的开关速度和动作方式能够满足通行控制的要求,保证持有效车票的乘客能够以正常行走速度无停滞地通过。同时,可迅速地、无伤害地阻挡住试图非法通过的乘客。

图 2-53　乘客显示器外观示意

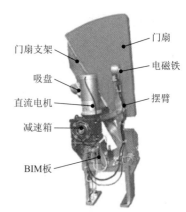

图 2-54　扇门外观示意

（5）乘客传感器

AGM 设有乘客传感器,以对乘客的通行进行监控,能监控乘客通过检票机的整个过程以及准确监测通过检票机的人数。

乘客通行检测用传感器为对射型红外光电传感器。在使用时,传感器成对出现,一端发射红外线,一端接收电路,乘客探测就是通过遮挡对射型传感器发出的红外线来实现的,当有物体阻挡红外线时,红外接收器输出开关信号,据此就可判断有乘客进入和通过。

乘客身高检测用传感器为漫反射型传感器。漫反射型光电传感器由一个产品集成了发射器与接收器,在有效检测范围内没有物体时,接收器探测不到有光束返回,传感器的输出端状态不会发生变化;当有物体在检测范围内时,通过光束反射,接收器收到返回光束,传感器的输出状态发生改变,据此来探测是否有目标物体通过。

图 2-55　方向指示器外观

（6）LED 指示器(图 2-55、图 2-56)

通常 LED 指示器用若干个 LED 发光二极管排列成一定的形

---

❶　1 寸≈3.33cm。

状,来指引乘客同行。LED 指示器包括方向指示器和警示灯。

(7)蜂鸣器(图 2-57)

所有的检票机内都安装有蜂鸣器,蜂鸣器具有不同的警示声音模式,如短促单声、短促两声、长声。在处理车票是否有效时,可以发出提示声响。对于不同票种、无效车票及无票通过检票机等情况,能够通过参数设置确定蜂鸣器的警示声音模式。蜂鸣器能够在使用优惠车票、车票无效或无票通过时给乘客以提示,同时能帮助管理人员确认乘客所使用的票种。蜂鸣器发出的提示声响在 2m 内能清晰可辨,报警声响在 20m 内能清晰可辨。

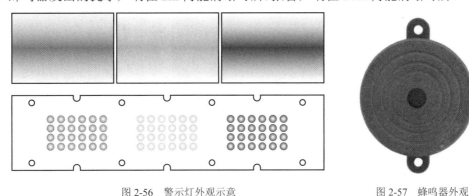

图 2-56　警示灯外观示意　　　　图 2-57　蜂鸣器外观

(五)与外部系统接口

1. 与 SC 系统接口

AGM 与 SC 系统交互数据包括交易数据、业务数据、状态数据、控制数据、参数数据、程序数据等。

2. 与 TPU 交互接口

AGM 通过对票卡读写器的控制来实现与乘客票卡的数据交互。

四、BOM 介绍

BOM 主要通过操作员的操作来处理各种票卡业务。票卡业务包括售票、补票、充值、替换、退款、车票分析等。具有通过打印机来打印使用清单的功能以及安全保护功能。BOM 的功能可划分为:面向乘客功能、面向运营功能、面向维修功能。BOM 支持孤岛运营,可以独立对票卡进行处理,数据暂存本地,待与 SC 恢复通信连接之后进行数据上传等工作。BOM 在处理与乘客有关的业务时,可以通过乘客显示器显示相关信息,如充值金额、票卡余额等。

(一)设备结构(图 2-58)

票房售票机由主控单元、单程票发售模块、操作员显示器、乘客显示器、读写器、打印机、键盘/鼠标及机壳等模块及组件构成。

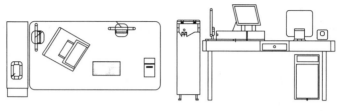

图 2-58 BOM 设备结构示意

(二)系统结构(图 2-59)

(三)功能说明

1. 售票

售票是指操作员按照乘客的要求选择不同种类的票卡进行发售的操作。单程票、出站票由 BOM 自动发行。计次票、纪念票、储值票,则由操作员领取相应发行公司的票卡,然后放在读卡装置的感应区域发行。

操作员根据票种,在 BOM 的操作员操作界面指定所需要的信息。BOM 自动判断如何发行车票后,将指定的参数写入发行的车票内。发行的车票包括单程票、出站票、老人优惠票、乘次票、纪念票、员工票、储值票等。

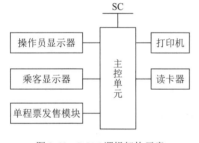

图 2-59 BOM 逻辑架构示意

BOM 在售票时,将生成逻辑卡编号、票种、票的属性信息、操作员编号、操作时间、充值金额等信息的交易数据。BOM 将交易数据发送到 SC,并与 BOM 内部收集的统计信息进行合计计算。自动更新 BOM 内部的审计信息和寄存器信息。离线状态时,交易数据作为未传送数据保留在 BOM 内,待在线时发送给 SC。

2. 充值

当乘客提出充值要求时,操作员选择充值处理,将票放在外置读卡装置的感应区。充值票卡一般包括储值票、老年储值票等。

BOM 在充值时,将生成包括票的逻辑卡编号、票种、票的属性信息、操作员编号、操作时间、充值金额等信息的交易数据。BOM 将交易数据发送到 SC,并与 BOM 内部收集的统计信息进行合计计算。自动更新 BOM 内部的审计信息和寄存器信息。离线状态时,交易数据作为未传送数据保留在 BOM 内,待在线时发送给 SC。

在 BOM 上进行充值操作时,操作员可以根据乘客要求,选择充值打印收据或者充值不打印收据。

3. 补票

当乘客因为票卡的进出站标记不正确、超时、超程、余额不足、车票损坏等原因而无法正常进出站时,需要进行补票处理。补票时,BOM 根据 ACC 定义的参数来计算补票金额和手续费。补票的类型具体分为超时补票、超程补票、无票补票、损坏车票的补票等。补票处理后,BOM 生成交易数据,更新操作员的审计信息和设备审计信息。

BOM 在补票时,将生成包括票的逻辑卡编号、票种、票的属性信息、操作员编号、操作时间、充值金额等信息的交易数据。BOM 将交易数据发送到 SC,并与 BOM 内部收集的统计信息进行合计计算。自动更新 BOM 内部的审计信息和寄存器信息。离线状态时,交易数据作为未传送数据保留在 BOM 内,待在线时发送给 SC。

4. 退款

退款指将车票内剩余的金额退还给乘客。退款分为即时退款和非即时退款。BOM 在退款处理前对车票进行分析,检查车票的有效性和状态,通过票种的设定参数来判定可否退款。对可以读取票内部的编码信息,满足即时退款条件的票进行即时退款处理,对不满足条件的票进行非即时退款处理。

BOM 在退款时,将生成包括票的逻辑卡编号、票种、票的属性信息、操作员编号、操作时间、退款金额等信息的交易数据。BOM 将交易数据发送到 SC,并与 BOM 内部收集的统计信息进行合计计算。自动更新 BOM 内部的审计信息和寄存器信息。离线状态时,交易数据作为未传送数据保留在 BOM 内,待在线时发送给 SC。

5. 替换

替换是指车票由于票面陈旧、污损、无法正常读取等原因而需要替换。乘客需要替换车票时,操作员选择替换处理,将车票放在外置读卡器的感应区内,进行操作。

替换分为以下两种处理方法。

(1) 即时替换处理

票卡有效并且按照系统的参数规定可以即时替换时,将在操作员显示器和乘客显示器上显示票种、票的余额、押金等信息。发行新票时,旧票的余额、押金将原封不动转移到新票,并根据参数的设定收取成本费(卡成本)和替换手续费。

(2) 非即时替换处理

当储值类车票因票卡原因造成车票信息无法读取且系统参数设定不允许即时替换时,进行非即时替换处理。操作员在 BOM 填写非即时替换申请后发送给 SC。可打印并提供给乘客非即时替换票据。在系统参数规定的可替换期间内,乘客可以凭非即时替换票据领取新票。

BOM 在替换时,将生成包括票的逻辑卡编号、票种、票的属性信息、操作员编号、操作时间、充值金额等信息的交易数据。BOM 将交易数据发送到 SC,并与 BOM 内部收集的统计信息进行合计计算。自动更新 BOM 内部的审计信息和寄存器信息。离线状态时,交易数据作为未传送数据保留在 BOM 内,待在线时发送给 SC。

6. 分析

BOM 读取需要分析的车票内的信息,根据车票种类及用途对该票进行相应的分析,将分析结果及票内的历史交易记录、票内余额显示出来并打印给乘客。如果乘客对查询结果产生疑问,可通过界面输入车票编号,向 ACC 系统查询票的余额、使用记录及车票状况等以作参考,必要时,可将结果进行打印输出。

BOM 在查询时,将生成包括票的逻辑卡编号、票种、票的属性信息、操作员编号、操作时间、票内余额等信息的交易数据。BOM 将交易数据发送到 SC,并与 BOM 内部收集的统计信息进行合计计算。自动更新 BOM 内部的审计信息和寄存器信息。离线状态时,交易数据作为未传送数据保留在 BOM 内,待在线时发送给 SC。

(四)设备规格

1. 基本规格

BOM 基本规格如下所示。

(1)外形尺寸:1800mm(长)×600mm(宽)×980mm(高),含出票机构。

(2)输入电源:220V+10%/-15%, 50Hz±4%。

(3)功耗:≤300W。

(4)单张车票处理速度:≤0.3s/张。

(5)自动出票速度:≤1s/张。

(6)可靠性:MCBF≥10万次,MTTR≤30min。

(7)通信速率:100Mbps。

2. 机械结构

出票机构内部机械结构框架和支架、外部门/盖/面板采用不锈钢材料,在成型、焊接、表面抛光及其他所需相关材料的制作及抛光方面符合 ASTM 标准(或类似标准)。设备外部门/盖/面板不绣钢外表面均经过无指纹及拉丝处理。设备中的塑料件及表面贴膜均采用高硬度、阻燃材料制作。

3. 部件规格

(1)主控单元

BOM 的主控单元采用的嵌入式、宽温、低功耗免风扇的工业计算机产品,主要负责运行控制软件,完成各项系统任务。主控单元选用工业级计算机来实现,能保证整机全天 24h 不停机地稳定运行,并具备足够的控制及处理能力完成指定功能。所选工控机为模块化设计产品,其在物理空间及功能上均满足产品互换性要求,便于维修与更换。

主控单元的规格如下所述。

①处理器:Built-in Intel® Atom™ D425,1.8 GHz Dual Core CPU,512 KB L2 Cache。

②内存:DDR3 800/667,板载 1GB。

③视频:共享内存 256 MB SDRAM,2×VGA。

④网络:100M/1000M 以太网,2×RJ45 接口。

⑤音频:AC97 audio。

⑥电子盘:(DOM)4GB。

⑦ CF 卡:2GB。

⑧ 看门狗:1～255 level(m/s),可编程看门狗定时器。

⑨ 实时时钟:内置实时时钟,误差不大于 ±1s/日。

⑩ 网络唤醒:支持。

⑪ I/O 接口:6×USB 2.0 端口、24 路 I/O、16× 串行端口(其中 14 个支持 RS 232/ 422/485)、1×PS/2(可选)、1× 并口(可选)。

⑫ OS:WinXPE。

⑬ 可靠性:MTBF ≥ 10 万 h。

⑭ 操作温度:-20～60℃。

⑮ 操作湿度:5%～90%,不结露。

⑯ 存储温度:-40～85℃。

⑰ 存储湿度:5%～90%,不结露。

(2)读写器

BOM 设有单程票发售读写器和外置读写器,由控制器和天线单元组成。

(3)操作员显示器

BOM 设有操作员示器,选用耐用、防冲击、可靠性能高的成熟产品。对其进行维修或更换时,不需要做任何调整。操作员显示器用于显示有关车票分析及编码、现金处理、操作指示、系统状态及设备状态等的信息。对车票进行处理时,操作员显示器能够显示车票编码及分析信息,并能够显示下一步操作的指示信息。在进行现金处理时,能够显示有关现金处理信息。操作显示器还能够显示系统及设备状态等信息。操作显示器显示的信息采用图形化显示,清晰明了、界面友好,能给操作员明确的指示及提示。

(4)乘客显示器

BOM 根据运营需要安装有 2 台 10.4 英寸的乘客显示器,具有耐用、防冲击、可靠性能高等特点,可满足运营要求,供乘客察看有关车票分析及现金的信息。当 BOM 在不同模式下切换时,乘客显示器显示车票分析及处理结果以及现金信息。在未登录前,乘客显示器显示暂停服务的信息。在登录后,乘客显示器显示正常服务的信息。当 BOM 发生故障时,乘客显示器显示暂停服务的信息。乘客显示器所显现的信息随着操作员不同的操作内容做相应的显示,车票的分析处理信息显示时间可通过参数修改,BOM 进行车票分析,处理时根据运营模式显示相应的信息。

(5)打印机

BOM 使用打印质量高、低噪声、高速打印、小巧轻便、造型美观的针式打印机,支持基本图形和文字的打印,兼容 ESC/POS 打印指令集,每行打印字符数及字体可选。

(五)与外部系统接口

BOM 上报至 SC 的数据包括:交易数据——售票交易、补票交易、充值等;业务数据——

票箱更换、部件更换、日结数据、数据包传输审计数据、寄存器数据等;BOM 状态数据——状态变更数据、故障状态数据。

SC 下发至 BOM 的数据包括:参数数据——ACC 参数、AFC 系统内部参数;程序数据——主控应用程序及部件程序;控制数据——控制命令、模式设置指令等。

五、TCM 介绍(图 2-60)

TCM 安装在非付费区供乘客对车票进行查询,能读取城市一卡通车票及轨道交通专用车票的数据。

TCM 的工作模式有两种,分别为正常模式和故障/退出运行模式。

(1)正常模式

TCM 可通过参数及接受 LC 系统或 SC 系统下达的命令设置为正常模式。在正常模式下,TCM 可以对轨道交通发售的车票以及城市一卡通车票进行车票的有效性检查并能在乘客显示器显示查询结果。

(2)故障/退出运行模式

TCM 能自我诊断,当设备不能进入正常模式时,设备能自动暂停服务并转换到故障/退出运行模式。

(一)系统构成

TCM 由机械外壳、主控单元、乘客显示器/触摸屏、读卡器、电源供应模块、交流配电模块、系统结构、逻辑结构等构成。

图 2-60 TCM 外观示意

(二)功能说明

TCM 能通过乘客显示器显示车票的查询结果,储值票至少可以显示 10 次使用记录,单程票可以显示余值等信息。所有显示的信息可以以中英文显示。

(三)设备规格

1. 基本规格

(1)外形尺寸:400mm×400mm×1200mm。

(2)输入电源:220V+10%/-15%,50Hz±4%。

(3)功耗:≤150W。

(4)车票处理速度:≤0.3s/张(从读卡到显示卡内交易数据)。

(5)可靠性:MCBF≥10 万次,MTTR≤10min。

(6)通信速率:100Mbps。

2. 部件规格

（1）主控单元

TCM 的主控单元的嵌入式、宽温、低功耗免风扇的工业计算机产品，主要负责运行控制软件，完成相应的任务。

（2）读写器

TCM 采用非接触式 IC 读写器，由控制器和天线单元组成。

（3）乘客触摸显示器

乘客触摸显示器安装于 TCM 前面板上部区域，由乘客显示屏和乘客触摸屏组成，用于显示操作信息和维护管理信息并接受乘客操作。

六、便携式验票机介绍

便携式验票机（Portable Card Analyzer，简称 PCA）是用来检验非接触式票卡有效性的设备。它能对乘客所持车票进行查验，在高峰时段可实现离线进出站检票功能。所有显示的信息采用中文显示。根据需求，PCA 可以实现应用系统与"市民卡"、轨道交通专用票卡之间的查询和验票等功能，并为相关城市互通卡保留了扩展接口。

PCA 只允许单独处理单张车票。当 2 张或 2 张以上的车票同时出现在读写器读写范围内时，则会拒绝对其进行处理，并给出相应的声光提示。

PCA 为离线工作设备，具备外接数据传输接口与 LC 或 SC 进行数据通信，下载所需的系统参数，上传交易记录。LC 或 SC 具备软件、硬件接口，实现与 PCA 的双向通信功能。PCA 在使用前需更新系统参数，并具备严格的权限管理功能。操作接口上能显示系统参数的建立时间。

持 PCA，可在不同的车站及不同的区域（付费区、非付费区）之间移动操作，可在人工选择的任何车站或区域使用。

进行 PCA 操作时可显示检票和查询相关的信息。如票种、票值、历史资料、有效期、无效原因和应收票价等。所有信息可以中英文显示。

（一）车站 PCA 使用流程介绍（图 2-61）

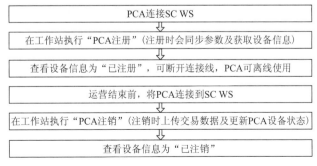

图 2-61　车站 PCA 使用流程说明

(二)车站PCA功能介绍

1. PCA的关机与开机

(1)开机:长按PCA设备左下方的红色开关机按钮,PCA开机启动,然后自动进入系统主界面,如图2-62所示。

注意:如启动后未启动应用程序,双击PCA"存储空间"下的PCA_PROGRAM.exe,等待数秒,程序启动后即可使用程序。

关闭程序:在主界面下依次按F3+F4+F7+F8按钮,即退出PCA中运行的程序。

(2)关机:选择PCA系统主界面的第6项——系统关机,弹出对话框询问是否确定关机,如图2-63所示。

图2-62 PCA开机主界面   图2-63 PCA关机主界面

选择"是",则系统关机;另外,长按设备左下方的红色开关按钮,5s之后PCA也会进入关机状态。

2. PCA启用和停用

(1)启用:在PCA投入验票工作前需要在SC WS上进行PCA启用处理。PCA通过连接线与SC WS建立通信连接。SC WS进行PCA设备合法性检查,包括PCA设备信息检查、PCA使用车站信息检查和PCA有效标志检查。对合法PCA设备,SC WS从SC SVR下载PCA适用的参数数据和软件,然后将下载的数据文件导入PCA。最后设置PCA设备时钟,并填写PCA启用标记。

(2)停用:当PCA完成验票工作后需要在SC WS进行PCA停用处理。PCA通过连接线与SC WS建立通信连接。SC WS从PCA设备导出PCA运行审计数据,并将导出的数据上传SC SVR,最后填写PCA停用标记。

3. 进站刷卡

PCA开机之后进入主菜单界面,选择图2-62所示的"1.进站刷卡",PCA进入进站刷卡界面,如图2-64所示。

4. 出站刷卡

PCA开机之后进入主菜单界面,选择如图2-62所示的"2.进站刷卡",PCA进入出站刷卡界面,如图 2-65 所示。

5. 票卡分析

PCA 开机之后进入主菜单界面,选择如图 2-62 所示的"3.票卡分析",PCA 转到请查询的界面,如图 2-66 所示,此时将票卡放置于 PCA 背面上方的票卡感应区附近,PCA 对该票卡验票后会读取并显示该票卡的相关信息。

图 2-64　PCA 进站刷卡界面　　图 2-65　PCA 出站刷卡界面　　图 2-66　PCA 票卡分析界面

6. 连接工作站

使用 PCA 自带的串口下载线连接 PCA 上的端口与该 SC 工作站所在的主机上对应的 USB 端口。PCA 开机后进入主程序后点击"4.连接工作站",进入等待上传交易的状态。

(三) PCA 注册

(1) 使用 PCA 自带的串口下载线连接 PCA 上的端口与该 SC 工作站所在的主机对应的 USB 端口。

(2) PCA 开机后进入主程序后点击"4.连接工作站",进入等待接收数据的状态。

(3) 打开 SC 工作站,有权限的操作员登陆后,点击进入 PCA 管理菜单界面,具体位置为:登陆→系统→PCA 管理。

(4) 点击"保存",PCA 开始下载上位新的参数并对内部的参数进行更新,完成之后工作站提示下载参数个数。点击"确定",显示更新参数成功,下载完参数后,取下串口线,重启 PCA 设备,参数即可更新成功。重启之后进入主菜单,点击"5.系统查询""3.票卡分析",完成系统的查询功能并检验票卡的分析功能。并通过选择"4.连接工作站",使 PCA 与工作站建立连接,再做一次 PCA 注册操作,保存后,则 PCA 注册完成。

(四) PCA 操作注意事项

(1) PCA 正常启动后,在进行票卡处理时如果对所有票卡都没有反应,需要由维修人员交由厂家处理。

(2) PCA 的屏幕、充电器、充电接口等无法正常使用时,如果其在保修期内,需要由维修人员交由厂家返厂处理。

(3) PCA 在工作站上无法使用时,交由维修人员处理(检查串口驱动是否异常)。

(4) PCA 在工作站上进行参数更新失败时,记录工作站的相应错误代码,通知维修人员检查错误原因,如果无法修复,通知厂家。

第五节 车 票

轨道交通路网内使用的车票分为轨道交通专用车票和一卡通车票。轨道交通专用车票由轨道交通公司授权票务管理部门统一发行，一卡通车票采用城市一卡通，由该城市的一卡通公司发行。

轨道交通专用票包括单程票、出站票、储值票、纪念票、计次票、员工票、测试票、备用车票等票种。

根据回收与否，轨道交通专用票可分为回收类车票与非回收类车票。回收车票可在站内或系统内循环使用。除回收类车票外，其他车票均为不可回收类车票。其中单程票、出站票为回收类车票，出付费区时由检票设备回收；储值票、计次票、纪念票、员工票为非回收类车票，出付费区时不回收。

轨道交通专用车票只能在轨道交通 AFC 系统中使用，并由 ACC 系统的 ES 设备统一进行初始化，可以通过 ACC 系统统一设置车票在轨道交通 AFC 系统中的使用及运行参数，通过通信网络下传至 SC，并由 SC 下达到相关设备。下面分别对几种常用票种进行简单的说明。

一、单程票

单程票只限在轨道交通内使用，且只在车票发售的当天有效，而且只能一次使用，通过参数设置本站出售的车票是否只在本站进闸和本站出站的时间限制。在乘客完成车程出闸时，单程票被出站 AGM 回收，并被写上回收信息。单程票可以在轨道交通系统中循环使用。当实际使用金额小于购票金额时，不返还车票余额；当实际使用金额大于购票金额时，乘客应补足票款，方可出站。

单程票在乘客出站时被系统回收，然后被再次出售。被回收的票卡基本上都可用于下次循环使用而继续在系统内流通。

（1）通过 TVM 或 BOM 发售的车票，乘客可用来通过 AGM 入站。

（2）乘客在通过 AGM 出站时，车票被回收到 AGM 内的车票箱。

（3）车票箱装满时，工作人员将车票箱取出。车票箱被放到票务室。

（4）TVM 或 BOM 内的车票箱内的车票售空时，工作人员从票务室将装满车票的车票箱安装在 TVM 或 BOM 上。

（5）往返车票在去的途中不会被回收，只有在返回的途中被回收。出站乘车票在发售后不能用于入站。

二、出站票

出站票仅能在出站时使用。当乘客在乘车过程中发生车票丢失、车票损坏等异常情况而未能出站时,须在客服中心办理出站票,出站票被回收后能与其他被回收的单程票一起在车站内循环使用。

三、储值票

储值票分为普通储值票和优惠储值票。乘客在使用储值票时,每个车程的车费在通过出站 AGM 时从车票的余值中扣除。当使用储值票进出站时,AGM 的乘客显示器上将显示车票的余值和有效期。

当储值票的余值低于最低票价时,根据不同票种,通过参数设置能否进闸。当储值票的余值低于当次车程的车费时,可以在 ACC 系统通过参数进行允许或者不允许乘客通过出站 AGM 的设置。如果允许乘客通过,乘客在下一次乘车前必须进行充值。充值时,车票的余值将扣除上次车程所欠车费;如果不允许乘客通过,出站 AGM 将显示"引导乘客到客服中心补票"的信息。

储值票可以通过 TVM 以及 BOM 进行充值,也可以在 BOM 上办理退票。买方有权调整优惠储值票的种类,卖方不增加任何费用。

优惠储值票是根据主管部门对特殊群体的优惠政策而制定的特殊票种,作为符合优惠条件的乘客乘车优惠的凭证。

优惠储值票在通过 AGM 时,有特殊的声响和灯光显示。优惠储值票的优惠额度可通过参数设置。优惠储值票的有效期可以根据运营的需要通过参数设置。优惠储值票过期后,乘客可在车站的客服中心办理延期手续。

四、纪念票

纪念票可以通过参数设置车票的面值/有效期。轨道交通专用的纪念票只能在有效期内在轨道交通系统内使用,车票过期后不能延期和充值。当乘客在使用纪念票时,如果车票余值低于最后一次车程的车费,可由参数设置给予尾程优惠。若无尾程优惠则出站 AGM 将不允许乘客通过,乘客须到客服中心进行补款后方可出闸。

五、计次票

计次票是指一些被赋予固定票值,可以一次或者多次使用的车票,在使用时不考虑乘距。

计次票主要有以下几种使用方法。

在规定时间段内,计次票可多次使用。当乘客使用计次票完成最后一次车程后,不可再次使用该计次票。允许乘客退回计次票,也可通过 BOM 给车票充值。

在规定时间段和每天规定的使用次数范围内,计次票可多次使用,但当天未使用的剩余次数不能累加到下一天继续使用。车票超过规定限制时,不可再次使用,允许乘客退回计次票,也可通过 BOM 给车票充值。

计次票在通过 AGM 时,AGM 将显示车票的有效时间和剩余使用次数或者当天剩余使用次数。

六、员工票

员工票可设置不同的类型。员工票的有效期、乘坐次数、进出站次序检查、进出站的地点限制以及乘车时间检查等参数都可以灵活地通过参数进行设置,以便满足运营需求。员工票在通过 AGM 时,有特殊的声响和灯光显示。员工票可兼作门禁卡使用。

七、测试票

测试票是用于对 AFC 的 SLE 进行维修诊断的特殊车票,这种车票只能在设备处于维修模式时使用,同样也只能在轨道交通 AFC 系统中使用。卖方在设计联络、调试阶段在线路中使用测试票,以便于进行设备的功能测试,但不计入收益统计。

八、备用车票

为了方便运营的扩展,系统预留最少 60 种备用票种,具体数量在设计联络时确定,比如周票、月票、次票等,运营人员可以通过参数设置灵活地对车票的种类进行扩展,设置车票的类型／运用方式／功能等。

车票的配置参数至少包括:车票的种类、乘次或票值、押金、车票余额的上限、有效期、由何设备写入有效期编码、由何设备出售车票、有效使用区域、有效使用时间段、发售当天有效、发售车站进站有效、乘次旅行时间、票价表、是否回收、允许充值及充值上限、允许自动充值及充值金额、充值设备、允许透支、允许更新及更新次数限制、允许退款、允许延期、允许退款、允许积分、行政收费、闪灯报警及闪灯种类、声音报警及声音种类等,以及个人储值票须记录的其他信息。

第六节 培训系统

培训系统设置在车辆段培训中心内,其主要用于培训 AFC 系统的维修和管理人员。
培训系统主要包括:培训工作站(2 台)、TVM、BOM、PCA、激光打印机及相应的网络设备各 1 台(套)和双向检票机(2 个双向通道)。

培训工作站硬件配置与中央管理工作站相同,软件配置分别与车站服务器和 SC WC 相同。培训系统终端设备配置与 AFC 系统终端设备相同。

培训系统设备与维修系统中的模拟中心计算机系统、模拟车站计算机系统及终端设备,通过专用网络进行设置后,可以构成小型模拟 AFC 系统,包括 AFC 线路中心、车站系统及终端设备。该套系统配置与正线相同的软件,可以完成对 AFC 系统内各级员工的培训工作(图 2-67)。

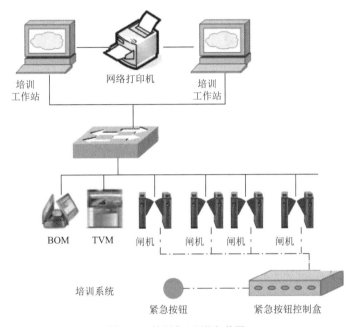

图 2-67 培训中心网络拓扑图

第七节 维 修 系 统

维修系统设置在车辆段,其功能是负责全线 AFC 系统设备的维护管理、维修和测试。

维修系统主要包括以下几部分。

(1)在维修中心设置:维修测试服务器、维修测试工作站、维修打印机、模拟中心计算机系统工作站、模拟车站计算机系统工作站、TVM、BOM、PCA 和双向 AGM、维修设备等。

(2)在维修工区设置:维修工作站、维修打印机、维修工具等。

维修测试服务器的硬件配置与 SC SVR 相同,软件配置也与 SC SVR 相同,并兼具维护管理功能。维修测试工作站的硬件配置与中央管理工作站相同,软件配置与 SC SVR 相同,并兼具维护管理功能。模拟中心计算机系统工作站的硬件配置和软件配置都与中央管理工作站相同。模拟车站计算机系统工作站的硬件配套和软件配置都与 SC WS 相同。维修系统终端设备配置与 AFC 系统终端设备相同。维修系统打印机配置同车站终端打印机(图 2-68)。

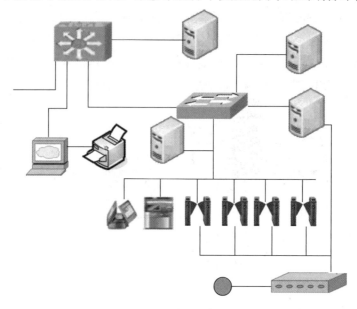

图 2-68　维修系统网络拓扑图

第二篇 实 务 篇

第三章　自动售检票设备维护

> **岗位应知应会**
>
> 1. 了解设备巡检的目的、要求及流程。
> 2. 掌握不同设备巡检时关注的要点。
> 3. 掌握相关知识点，能够对中心级设备、SC设备、SLE进行日常的维护和保养，并按照计划性检修规程对设备进行相应的日检、月检、季检、年检等检修作业。
>
> **重难点**
>
> 重点：
> 1. 核心服务器日常巡视的相关命令。
> 2. 车站供电系统维护。
>
> 难点：
> 1. 线路级中心设备的计划性检修。
> 2. SC SVR机柜、工作站、供电系统的年维护作业内容。

第一节　自动售检票设备巡检流程及方法

一、巡检流程

（一）巡检目的

巡检的目的是为了了解AFC系统设备当前的运行状况，以便及时地进行相应的维护维修工作。

（二）巡检要求及流程

车站检修工班每天至少巡视各自管辖的车站两次，早班在到达指定的车站后即开始对站内的设备状况进行巡视，巡视结果必须进行记录，巡视结束后与当班的同事一起对发现的故障进行处理；中班在运营结束之前也要对管辖区间内的设备进行巡视，统计所有当日遗留未处理的故障并上报生产调度。

中央计算机的巡视一般以 2～3h 为一个周期,应对设备的运行状况、通信状况、数据传输状况等进行记录,发现问题或隐患须及时上报、处理,具体按照企业相关故障处理程序进行处理。

二、巡检方法

(一)车站计算机的运行情况

(1)查看车站计算机应用程序的运行状况。
(2)检查车站计算机与中央计算机的通信是否正常。
(3)检查车站计算机与车站级设备的通信是否正常。
(4)检查车站计算机数据备份的完成情况。
(5)通过车站计算机查看车站级设备的当前状况。

(二)AGM 的运行情况

(1)查看 AGM 的当前运行状况,包括故障设备的数量、性质、分布等。
(2)查看 AGM 的外部状况,包括乘客显示屏、指示灯的工作状况。
(3)询问车站相关人员设备的使用情况。
(4)随机选 1～2 台 AGM,用员工票做过闸测试。

(三)TVM 的运行情况

(1)查看 TVM 的当前运行状况,包括故障设备的数量、性质、分布等。
(2)询问车站相关人员设备的使用情况。
(3)查看 TVM 的乘客显示模块和触摸屏模块。

(四)BOM 的运行情况

(1)查看 BOM 的当前运行状况,包括故障设备的数量、性质、分布等。
(2)询问车站相关人员设备的使用情况。
(3)查看各售票员操作显示模块和乘客显示模块。

(五)TCM 的运行情况

(1)查看 TCM 的当前运行状况,包括故障设备的数量、性质、分布等。
(2)查看显示模块。

(六)中央计算机的运行情况

(1)查看中央计算机主机,应用服务器,核心交换机,磁带库、RAID、防火墙、入侵检测、UPS和各功能工作站的工作指示灯,大体判断设备的工作情况。

(2)查看设备运行日志,进一步查看设备是否存在故障或故障隐患。

第二节 线路中心设备维护

一、线路中心机房要求

(一)温、湿度检测

(1)检测标准:机房温度范围为 -5 ~ 50℃;湿度范围为 10% ~ 90%。
(2)检测工具:温、湿度计。
(3)检测方法:湿度计测量的为相对湿度,测量时要注意保持采集的水气干净、无污染。

(二)粉尘检测

(1)检测标准:无明显积尘。
(2)检测方法:对粉尘易于堆积的地方进行目测检查,如墙角、机柜顶部等。

(三)照明检测

(1)检测标准:机房照明可以满足机箱内的维护操作。
(2)检测方法:对电源设备背离光源的部分进行目测检查。

(四)通风检测

(1)检测标准:机房必须有良好的通风。
(2)检测方法:定期开启门窗通风,减少机房内腐蚀性、易燃易爆性气体的聚积。

(五)消防器材检测

(1)检测标准:消防设备布置符合设计规定,消防器材在有效期内而且年检标志齐全。
(2)检测方法:符合性、有效性检查。

（六）密闭性检测

检测标准：门窗关闭后，刮风时没有明显的进风啸叫；机房没有屋顶渗漏、窗户与管线进水等现象。

二、线路中心设备维护

（一）LC 构成

LC 是由控制中心设置的 2 套主服务器、2 台通信前置服务器、2 台存储交换机、RAID 和磁带库、票务管理服务器、数据交换服务器、历史数据比较服务器、文档服务器、网管服务器、2 台以太网中心交换机和工作站构成的。

（二）核心服务器维护

1. 日常巡视

检查核心服务器的状态指示灯是否正常，设备正上方有一个指示器，i号的琥珀色灯如果亮起说明设备硬件报错，此时需要报修（图 3-1）；如果显示为绿灯，则表示服务器状态正常。

图 3-1　服务器故障时的指示灯

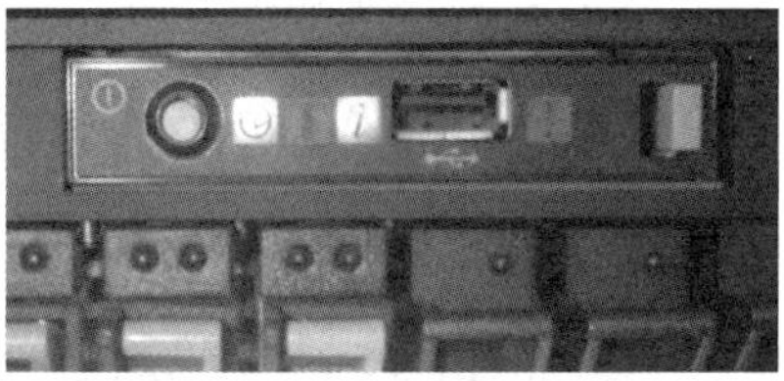

2. 巡检方法

当巡检时发现设备故障，可在系统中通过相关命令查看故障详细信息，下面是几种常用的巡检命令。

（1）errpt-dH：查看硬件错误日志

在系统里执行 errpt-dH 命令后，出现如图 3-2 所示的硬件错误显示信息界面。

```
IDENTIFIER TIMESTAMP  T C RESOURCE_NAME  DESCRIPTION
A924A5FC   1221151514 P S SYSPROC        SOFTWARE PROGRAM ABNORMALLY TERMINATED
42F2355C   1220030714 T H ent2           PROBLEM RESOLVED
F1814D51   1220030714 T H ent2           ETHERNET DOWN
42F2355C   1220030414 T H ent2           PROBLEM RESOLVED
F1814D51   1220030414 T H ent2           ETHERNET DOWN
42F2355C   1220030214 T H ent2           PROBLEM RESOLVED
F1814D51   1220024814 T H ent2           ETHERNET DOWN
42F2355C   1220024314 T H ent2           PROBLEM RESOLVED
F1814D51   1220024314 T H ent2           ETHERNET DOWN
```

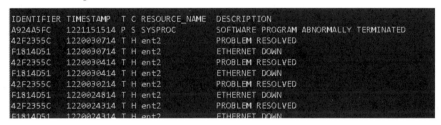

图 3-2　errpt-dH 命令查看错误信息显示界面

其中，TIMESTAMP 代表日期，以 MMDDhhmmYY 格式显示，如 0319131008 表示 2008 年 3 月 19 日 13 时 10 分；T（Type）一栏中，P 表示永久性错误，T 表示临时性错误，U 表示不能决定是什么错误，I 表示信息而非错误；C（Class）一栏中，H 表示硬件错误，S 表示软件错误，O 表示通知操作员；如果 T（Type）一栏中是 P 且 C（Class）一栏中是 H，则须打服务器厂家电话进行硬件报修。

（2）df-m：查看文件系统使用情况命令

在系统里执行 df-m 命令后，出现如图 3-3 所示的文件系统使用情况相关信息显示界面。

图 3-3　df-m 命令查看文件系统使用情况显示界面

（3）查看数据库表空间状态是否正确

打开 PLSQL（连接 orade 数据库的工具），输入正确的账户名、密码，选择正确的数据库登录，登录成功后新建一个 SQL（编辑数据库表）窗口，输入如图 3-4 所示的 SQL 语句，执行该 SQL 语句，显示数据库表空间状态的查询结果，图中红色标记部分即为所查询内容，除了未使用的表空间，其他使用超过 80% 表空间的则须进行相应的处理。

（4）topas：CPU 最高核心负载和内存负载查看命令

在系统中输入命令 topas，出现如图 3-5 所示的查询界面，图中"1"标记的为 CPU 最高核心负载值查询结果；"2"标记的为内存负载值查询结果。

（5）lsnrctl status：查看服务器监听命令

在系统中输入命令 lsnrctl status，出现如图 3-6 所示的查询界面，查看最下边 afcdb 实例的 2 个服务是否正常，从而判断服务器监听是否正常。

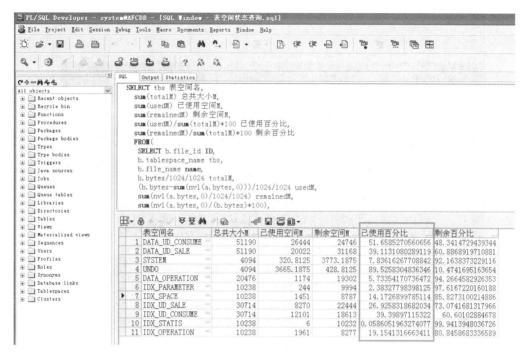

图 3-4 数据库表空间状态查询界面

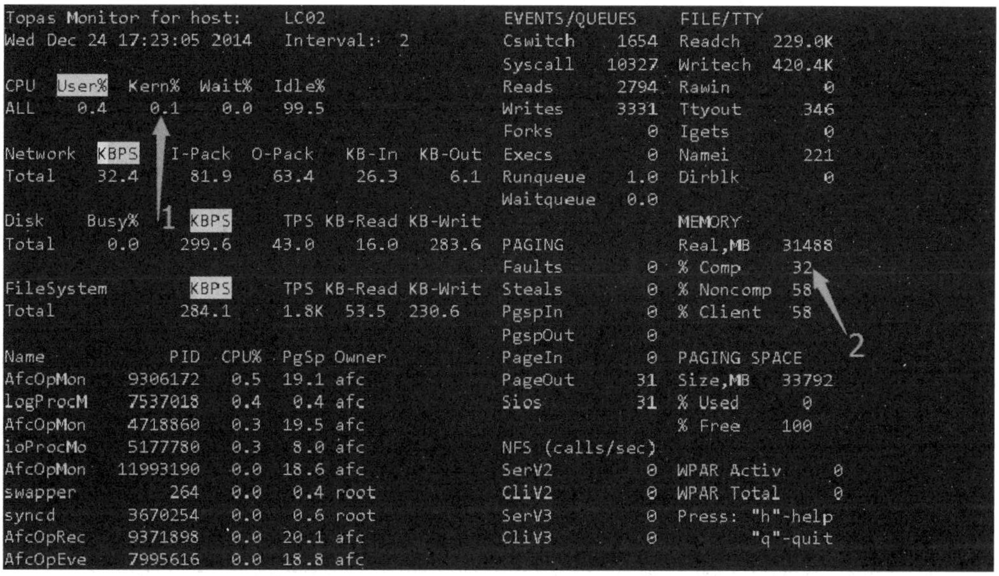

图 3-5 CPU 和内存负载查询界面

（6）date：查看时钟是否同步命令

在系统中输入命令 date，查看服务器时钟是否同步。

（7）su-afc；afc_ps |wc-l：查询 AFC 业务进程数命令

在系统中输入命令 su-afc；afc_ps/w-1，可以完成对 AFC 业务进程数的实时监控，查询界面如图 3-7 所示。

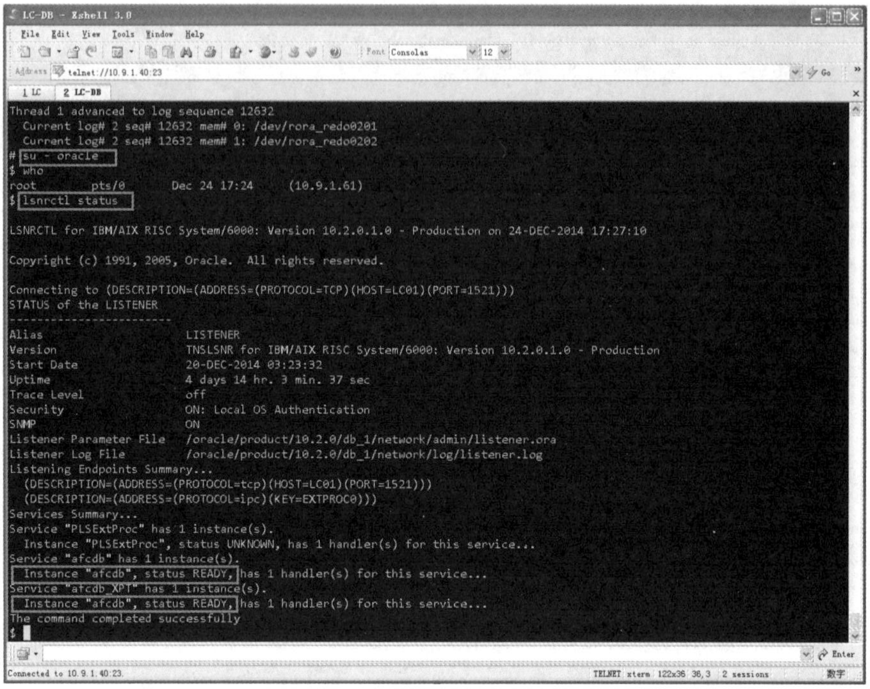

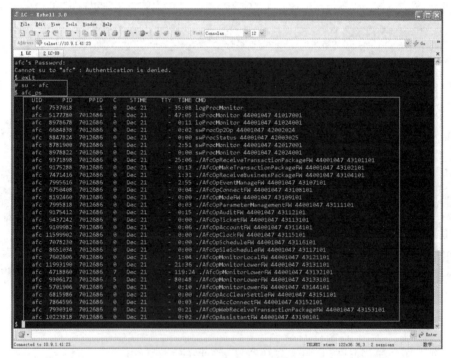

图 3-6　查看服务器监听界面

图 3-7　AFC 业务进程数查询界面

综上所述,服务器的维修主要有检查控制面板上所有指示灯是否正常,检查 CPU、内存使用情况,查看系统日志中有无 Warning、Error 等警告信息,查看时钟是否正确并且双机时钟保持同步,查看数据库表空间状态(应无异常增长、无表空间写满),检查数据库监听是否正常,查看磁带库备份情况是否正常,查看AFC业务进程数是否正常、查看文件系统状态是否正常(应无异常增长、无目录写满),查看服务器控制台是否正常,查看设备面板和外壳是否清洁、检查线缆接插件是否固定良好等。

3. 核心服务器计划性检修

(1)日检

以上章节关于核心服务器维护的"1.日常巡检"和"2.巡检方法"即为对核心服务器的日检,此处不再赘述。

(2)月检

①清洁设备面板和外壳,应保证无灰尘、污垢(图3-8)。

图3-8 清洁设备外壳、面板

②将线缆、接插件固定良好,保证无接触不良的现象,如图3-9所示。

图3-9 检查线缆、接插件

③在系统中输入命令topas查看服务器的CPU和内存使用情况等基础性能数据并与上月基础值作对比,编制系统性能分析报告,图3-10所示为查询结果。

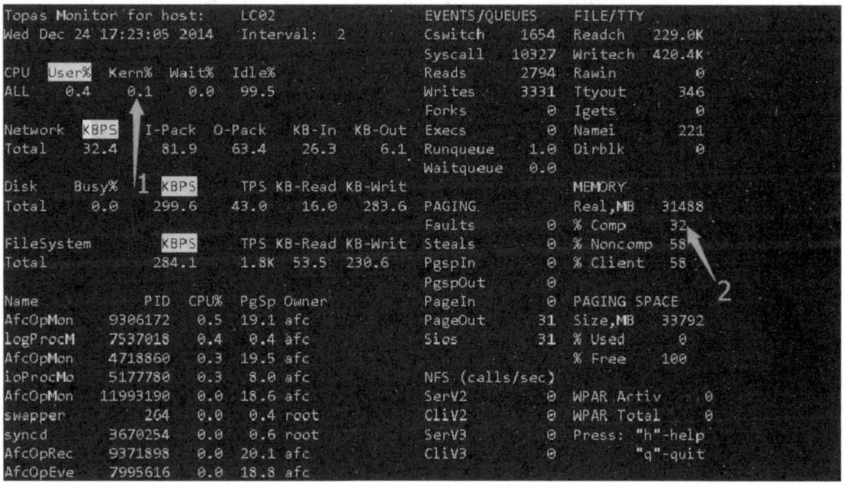

图3-10 CPU和内存使用情况查询结果

（3）季检

①修改各系统超级用户密码，IBM AIX 系统通过 X-shell 登录服务器，然后用 passwd 命令执行，从而完成密码的修改，如图 3-11 所示。

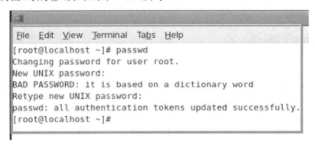

图 3-11　修改密码

②清理过期的告警日志，IBM AIX 系统通过 X-shell 登录服务器，然后用 errclear 命令执行，从而完成告警日志的清理操作，如图 3-12 所示。

图 3-12　清理告警日志

③检查连接线缆的水晶头、尾纤是否牢固，是否有损坏，如图 3-13 所示。

图 3-13　检查连接线缆

（4）年检

①清洁服务器灰尘，保证散热片和散热风扇无积垢。

②清洁滤尘网,保持散热孔通畅。

③制作系统镜像盘(若有更新或改造应及时制作镜像)。

④验证主备机切换功能。

⑤确保线缆接插件固定良好,无接触不良现象。

⑥检测硬盘运转是否正常,如果端口指示灯为绿色表示正常,琥珀色则表示不正常,如在检查过程中发现硬盘运转不稳定或损坏应及时更换。

⑦对设备进行接地测试,设备外壳接地电阻≤1Ω,设备火地电阻≥0.5MΩ。

(三)磁带库维护

磁带库是像自动加载磁带机一样的基于磁带的备份系统,磁带库由多个驱动器、多个槽和机械手臂组成,并可由机械手臂自动完成磁带的拆卸和装填(图3-14)。它能够实现连续备份、数据恢复、自动搜索磁带等功能。

磁带库的维护也包括日检、月检、季检和年检。

1. 日检

(1)查看硬盘、卷组状态是否正常,首先是查看指示灯是否显示为绿色,如果是,则表示正常,如果显示为琥珀色则表示硬盘故障,须及时排查原因;第二是通过登录TSM服务器并输入命令q vol,查看磁带库利用率,如果在规定正常的范围内则表示正常。图3-15所示为磁带库状态指示灯,图3-16所示为硬盘、卷组状态查看。

图3-14 磁带库外观

图3-15 磁带库状态指示灯

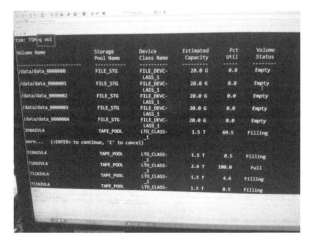
图3-16 硬盘、卷组状态查看

(2)查看设备运行状态,应无告警、无故障。

2. 月检

(1)清洁 RAID 面板和外壳,保证无灰尘、污垢。

(2)检查备份数据。通过在备份服务器系统中输入命令 cat/tmp/archive.log 打开备份日志,并查看有无"finished without failure"提示信息,如有,则表示备份成功,如果没有,则表示备份失败,此时,须进一步检查备份过程,找出错误源头,图 3-17 所示为数据备份界面。

图 3-17 数据备份界面

(3)清洁带库、磁带机的面板和外壳,保证无灰尘、污垢。

3. 季检

(1)清理过期的告警文件,IBM AIX 系统通过 X-shell 登录服务器用命令 errclear 实现告警文件的清理操作,如图 3-12 所示。

(2)检查连接线缆的水晶头、尾纤是否牢固,是否损坏,如图 3-13 所示。

4. 年检

(1)验证 RAID 主备控制器切换功能,通过手动终止主服务器的运行,查看备用服务器是否会自动切换,如果可以且切换成功,继续观察备用服务器是否能正常运行,能正常运行则表示切换成功,否则表示切换失败。

(2)对磁带机做清洁保养。

(3)清洁磁带机磁头。

(4)对设备进行接地测试。

(四)应用服务器维护

应用服务器包括通信前置服务器、数据交换服务器、文档服务器、网管服务器、票务管理服务器、历史数据比较服务器,其特点是界面友好;系统安装、网络装置、客户机设置简易;设置、管理系统直观、方便;系统扩展灵活。

应用服务器的维护包括日检、月检、季检和年检。

1. 日检

(1)检查各应用服务器状态指示灯,如图 3-18 所示。

(2)检查设备供电是否正常,如图 3-19 所示。

图 3-18 检查应用服务器状态指示灯

图 3-19 检查应用服务器供电

(3)检查各服务器 CPU 使用率(要求小于 70%,超过 70% 要查找原因)。Linux 系统通过 X-shell 登录服务器用 top 命令查看;Windows 系统通过远程桌面登录任务管理器查看,如图 3-20 所示。

a)Linux 系统检查服务器 CPU 使用率

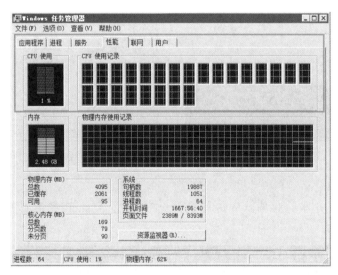
b)Windows 系统检查服务器 CPU 使用率

图 3-20 检查各服务器 CPU 使用率

（4）查看各服务器系统有无告警日志。Linux 系统通过 X-shell 登录服务器，进入 /var/log 目录用 cat messages 命令查看；Windows 系统通过远程桌面登录，进入服务器管理器/诊断/系统目录查看，如图 3-21 所示。

a）Linux 系统下查看服务器系统有无告警日志

b）Windows 系统下查看服务器系统有无告警日志

图 3-21　查看各服务器系统有无告警日志

（5）查看系统时钟是否正确，也即查看各服务器的时钟与时钟服务器是否同步，如果时间相差不超过 ±1s，则表示时钟同步，否则，则表示时钟不同步，须强制时钟同步。Linux 系统通过 X-shell 登录服务器用 date 命令查看；Windows 系统通过远程桌面登录查看右下角的系统时间。如图 3-22 所示。

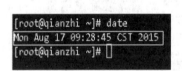

a）Linux 系统查看时钟同步　　　　　　b）Windows 系统查看时钟同步

图 3-22　查看各服务器系统时钟是否正确

（6）查看各服务器的业务软件进程是否正常，通过 X-shell 登录服务器用 ps-ef 命令查看，如图 3-23 所示。

图 3-23　时钟服务器进程

（7）查看文件系统使用情况。Linux 系统通过输入命令 df-m 查看文件系统使用情况，其中 %Used 表示文件系统的使用率，如果不大于 80%，则表示文件系统状态正常；Windows 系统通过远程界面登录查看磁盘分区使用有无异常增长、目录写满等情况，如图 3-24 所示。

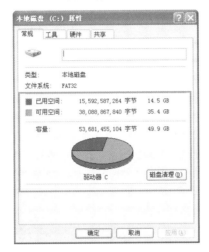

a）Linux 系统查看文件系统使用情况

b）Windows 系统查看文件系统使用情况

图 3-24　各服务器系统查看文件 系统使用情况

2. 月检

（1）清洁设备面板和外壳，保证无灰尘、污垢，如图 3-25 所示。

图 3-25　清洁应用服务器表面

（2）在清洁和测试过程中，检查紧固件、接插件，如有松动及时紧固插件，如图 3-26 所示。

图 3-26　应用服务器紧固插件

(3)在系统中输入命令 topas 查看服务器的 CPU 和内存使用情况等基础性能数据,如图 3-10 所示。

3. 季检

(1)修改各设备系统超级用户密码。Linux 系统通过 X-shell 登录服务器用 passwd 命令修改;Windows 系统通过远程桌面登录,进入控制面板进行修改,如图 3-27 所示。

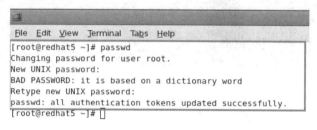

a)Linux 系统下修改超级用户密码

b)Windows 系统下修改超级用户密码

图 3-27　修改各设备系统超级用户密码

(2)整理磁盘碎片,如图 3-28 所示。

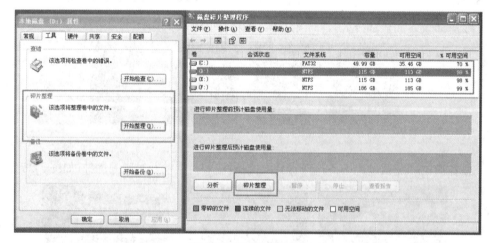

图 3-28　整理磁盘碎片

(3)清理、归类系统日志文件,如图 3-29 所示。

图 3-29　清理、归类系统日志文件

4. 年检

（1）设备内部清洁（图 3-30）

①关闭服务器。

②用吹风机和毛刷清洁服务器内部灰尘,确保散热片和散热风扇无积垢。

③用吹风机清洁滤尘网,保持散热孔通畅。

④开启服务器,确保运行状态。

⑤机柜接地测试。

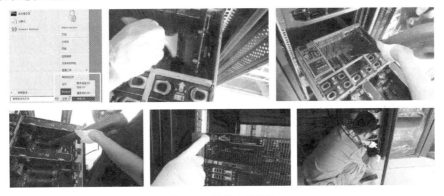

图 3-30　设备内部清洁

（2）系统维护

RAID 系统镜像盘制作（若有更新或改造,应及时制作镜像）。

（3）服务器检修（图 3-31）

①确认机内硬件无缺损,各板卡安装可靠、无松动,螺钉紧固到位。

②确认线缆接插件固定良好,无接触不良现象。

③检测硬盘运转是否正常,如运转不稳定或损坏应及时更换。

（4）性能分析

①统计月度性能监控数据,并与上年度技术数据对比,有差异则须分析原因。

②编制系统年度性能分析报告。

图 3-31 服务器检修

(五)网络设备维护

网络设备主要包括核心交换机、防火墙、入侵检测、光电转换器等。

核心交换机的主要目的在于通过高速转发通信,提供优化、可靠的骨干传输结构,具有更高的可靠性和吞吐量。图 3-32 所示为核心交换机,其系统指示灯含义见表 3-1。

图 3-32 核心交换机

核心交换机状态指示灯说明表　　　　表 3-1

LED 灯	颜　色	状　态	描　述
STAT	绿色	闪动	交换机自检成功,状态正常
			交换机开机自检中
	红色	亮	开机自检失败
PWR1	橙色	亮	第一路电源正常供电
		不亮	第一路电源不供电
PWR2	橙色	亮	第二路电源正常供电
		不亮	第二路电源不供电
FAULT	红色	亮	交换机故障、触发报警
		不亮	正常状态
MSTR/HEAD	绿色	亮	该交换机是环网主交换机,环网正常
		闪动	该交换机是环网主交换机,环网断开
		不亮	该交换机不是环网主交换机
CPLR/TAIL	绿色	亮	耦合端口
		不亮	非耦合端口

防火墙和入侵检测可以有效防御病毒、黑客的入侵与攻击，城市轨道交通 AFC 系统在系统网络和外部网络之间安装防火墙，可有效防范各种被拒绝访问服务的攻击，还配置地址解析协议（ARP）欺骗攻击防范，以及超大 ICMP 攻击防范，设置了防火墙的告警策略，启动了防火墙日志功能。除此之外，采用基于状态的特征检测技术、基于协议异常分析的检测技术和基于流量异常分析的检测技术，以此对付来自外网和内网的攻击，缩短发现黑客入侵的时间。入侵检测技术与防火墙共同协作，对 AFC 系统网络入口进行多层次安全保护，形成整体纵深的安全防护体系。虽然 AFC 系统处于专网环境中，但由于系统升级等需求不可避免地会与外界存储设备存在交互，因此对于内网的管理，除了应用网络防病毒体系外，还可以采用漏洞扫描和日志告警功能，使得系统在遭受攻击之前，可以了解和修复自身网络安全问题，提早发现漏洞，阻断病毒传播。另外，系统还应该具备外部存储设备的认证功能，即只有被认证过的设备才可以在系统中使用，以防止外界存储设备给系统感染病毒。

千兆光纤收发器（又名光电转换器）是一种快速以太网，其数据传输速率达 1Gb/s，仍采用 CSMA/CD 的访问控制机制并与现有的以太网兼容，在布线系统的支持下，可以使原来的快速以太网平滑升级并能充分保护用户原来的投资。千兆网技术已成为新建网络和改造的首选技术，由此对综合布线系统的性能要求也有所提高。光电转换器是一种类似于基带 MODEM（数字调制解调器）的设备，和基带 MODEM 不同的是光电转换器接入的是光纤专线，是光信号，具有光口配置灵活等特点。

网络设备的维护包括日检、月检、季检和年检。

1. 日检

（1）检查核心交换机、防火墙、入侵检测、光电转换器的状态指示灯是否正常，如果无持续快速闪烁（中断或停止），则表示正常，如果指示灯规律闪烁或接近常亮则表示异常，须排查原因，并及时上报（图 3-33）。

a）防火墙

b）入侵检测

c）核心交换机

d）光电转换器

图 3-33　网络设备指示灯

（2）检查网络设备供电是否正常，如图3-34所示。

图3-34　检查交换机供电

（3）检查核心交换机运行是否正常。

①通过网页登录核心交换机，查看System Identification状态是否在正常范围内，如图3-35所示。

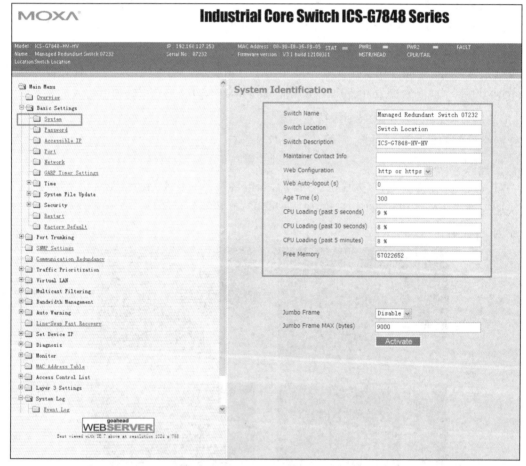

图3-35　核心交换机状态

②查看核心交换机端口流量是否正常，查看路径为Monitor-Monitor System，如图3-36所示。

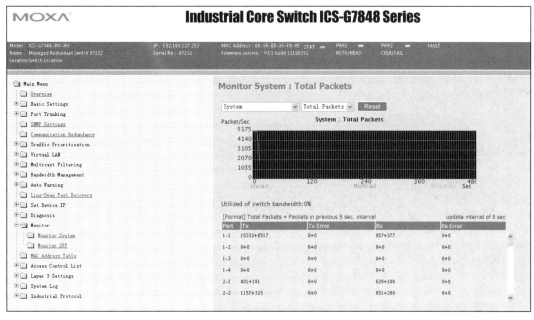

图 3-36　核心交换机端口流量

③查看核心交换机日志告警,查看路径为 System Log-Event Log,如图 3-37 所示。

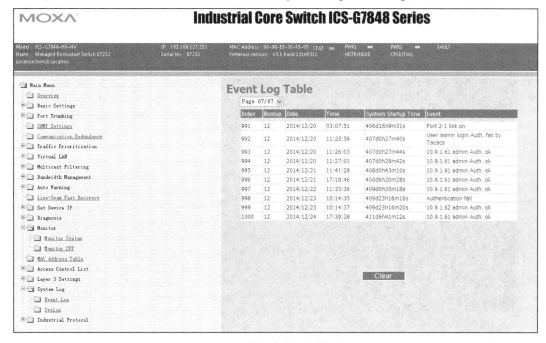

图 3-37　核心交换机告警日志

(4)检查防火墙运行情况。

①登录防火墙主界面查看 CPU 和内存占有率,如图 3-38 所示。

②登录防火墙,通过路径"日志管理→日志报表→系统日志"查看防火墙是否有异常日

志,如图 3-38 所示。

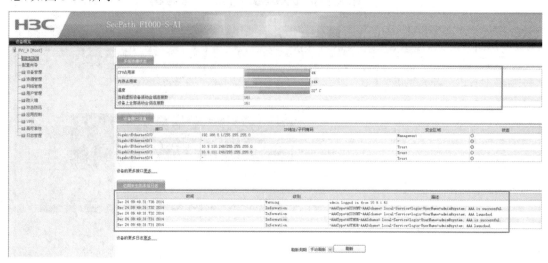

图 3-38　防火墙运行状态查看

（5）检查网络设备与 ACC 的通信是否正常。通过任何一个终端设备,点击开始,打开运行窗口,输入命令 cmd,在新打开的 DOS 界面 ping+ACC 服务器的 IP 地址,如果能 ping 通表示通信正常,否则,表示通信不正常。假设 ACC 的 IP 地址为 10.9.35.30,则检查与 ACC 的通信是否正常,如图 3-39 所示。

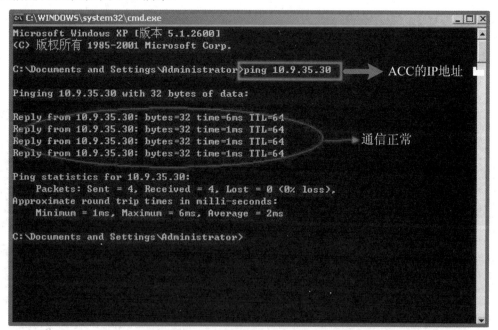

图 3-39　检查网络设备与 ACC 的通信状态

2. 月检

（1）修改核心交换机、防火墙、入侵检测系统的超级用户密码,通过网页登录交换机,进行密码的修改操作，如图 3-40 所示。

a）防火墙密码修改

b）交换机密码修改

图 3-40　网络设备超级用户密码修改

（2）清洁设备表面灰尘、污垢，如图 3-41 所示。

图 3-41　清洁网络设备表面灰尘

（3）确保线缆接插件固定良好，无接触不良现象，如图 3-42 所示。

图 3-42　检查网络设备线缆

3. 季检

（1）备份重要的配置文件，如图 3-43 所示。

（2）查看设备运行日志，如图 3-44 所示。

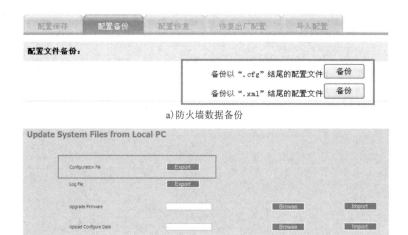

a) 防火墙数据备份

b) 交换机数据备份

图 3-43　备份网络设备数据

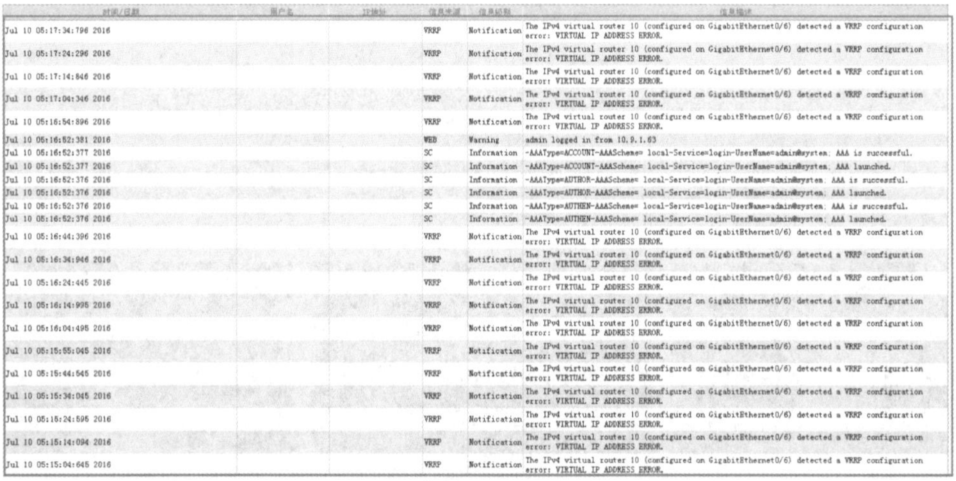

a) 防火墙

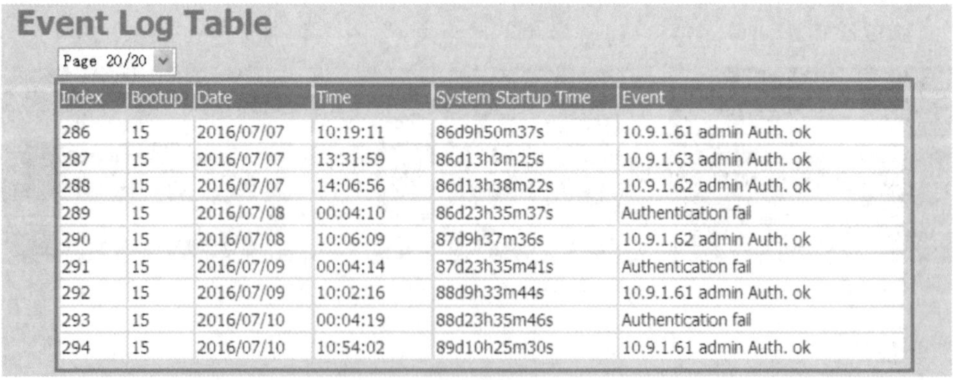

Index	Bootup	Date	Time	System Startup Time	Event
286	15	2016/07/07	10:19:11	86d9h50m37s	10.9.1.61 admin Auth. ok
287	15	2016/07/07	13:31:59	86d13h3m25s	10.9.1.63 admin Auth. ok
288	15	2016/07/07	14:06:56	86d13h38m22s	10.9.1.62 admin Auth. ok
289	15	2016/07/08	00:04:10	86d23h35m37s	Authentication fail
290	15	2016/07/08	10:06:09	87d9h37m36s	10.9.1.62 admin Auth. ok
291	15	2016/07/09	00:04:14	87d23h35m41s	Authentication fail
292	15	2016/07/09	10:02:16	88d9h33m44s	10.9.1.61 admin Auth. ok
293	15	2016/07/10	00:04:19	88d23h35m46s	Authentication fail
294	15	2016/07/10	10:54:02	89d10h25m30s	10.9.1.61 admin Auth. ok

b) 交换机

图 3-44　查看网络设备运行日志

（3）按照设备端口连接对照表，逐一核对下级设备，确认无人随意变动端口连接号，如图 3-45 所示。

（4）检查连接线缆的水晶头、尾纤是否牢固，是否损坏，如有松动、无法固定的，要重做连接头，如图 3-46 所示。

图 3-45　检查网络设备端口号　　　　　图 3-46　检查线缆水晶头

4. 年检

（1）用吹风机和毛刷清洁设备内部灰尘，要求网线、光纤接口处无积垢，如图 3-47 所示。

图 3-47　清洁网络设备表面

（2）清洁滤尘网，保持散热孔通畅，如图 3-48 所示。

图 3-48　清洁网络设备滤尘网

（3）确保线缆接插件固定良好，无接触不良现象，确保设备运行状态正常，如图 3-49 所示。

图 3-49　紧固线缆接插件

（4）清洁完，查看设备性能，确保设备运行状态正常，如图 3-50 所示。

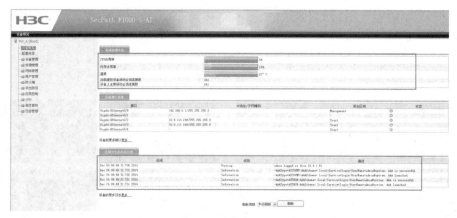

a）防火墙

b）交换机

图 3-50　查看交换机、防火墙性能

（5）对设备进行接地测试，设备外壳接地电阻≤1Ω，设备火地电阻≥0.5MΩ。

第三节　车站计算机系统设备维护

一、SC SVR 机柜及工作站维护

（一）SC SVR 机柜维护

1. 日检

（1）检查网络交换机电源、端口状态有无异常显示，如果查看指示灯为绿色常亮则表示

交换机正常运行,如果为红色显示,则表示交换机存在故障;电源指示灯接通后如果为橙色常亮,则表示正常,如果为橙色闪动,则表示电源电压不稳,须排查原因(图 3-51)。

图 3-51　网络交换机电源、端口状态指示灯

(2)检查 SC SVR 各指示灯是否正常,有无告警,如果 SC SVR 各指示灯为绿色显示则表示正常,如果为琥珀色则表示异常,如果灯光闪烁则表示有数据传输;而 SC 有无告警是通过查看显示面板来确认的,如图 3-52 所示。

图 3-52　SC SVR 指示灯

(3)检查紧急控制盒各组指示灯是否正常显示,如图 3-53 所示。

图 3-53　紧急控制盒指示灯

2. 月检

(1)设备清洁(图 3-54)

①打开机柜维修门,关闭机柜风扇电源。

②用吹风机清洁设备内部浮沉,以及设备底部、部件支架、线槽口、底板的灰层。

③用抹布清洁服务器机柜外壳、SC SVR、三层交换机、紧急控制盒表面的灰尘。

图 3-54　清洁服务器机柜设备

(2)三层交换机检修

检查连接线缆水晶头、光缆尾纤连接的牢固情况,如有松动、无法固定的,要重做连接头,如图 3-55 所示。

 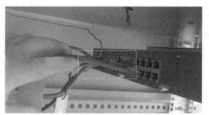

图 3-55　检修三层交换机

(3)紧固件、接插件检查(图 3-56)

①检查门锁、显示屏、服务器、紧急控制盒的接插件、线缆是否松动,以及连接是否正确、可靠,紧固到位。

②检查紧固设备机械部分的螺钉。

图 3-56　检查紧固件、接插件

3. 季检

(1)机柜内部清洁(图 3-57)

①用吹风机清洁机柜内部支架,要求无浮尘、无污渍。

②用吹风机清洁机柜散热风扇,要求无积灰,转动灵活,无异声。

③用毛刷和抹布清洁机柜内支架、线缆标牌、服务器、交换机、紧急控制盒和外表面等。

图 3-57　清洁服务器机柜内部

(2)SC SVR 检修(图 3-58)

①检查显示器有无漂移、残影、黑屏等异常情况。

②插紧网络连接线缆,如接触不良则更换相关线缆。

图 3-58　检修 SC SVR

（3）三层交换机检修（图 3-59）

①核对网络设备端口的连接标志牌，检查标签是否正常（无损缺），若有更新，则在更新后重新打印并在醒目位置张贴。

②检查网络连接水晶头、光缆尾纤连接是否牢固可靠，有无折损情况（如有松动、无法固定的，则要重做连接头）。

图 3-59　检修三层交换机

（4）紧急控制盒检修（图 3-60）

①检查紧急控制盒工作状态是否良好（WORK 绿灯常亮）。

②检查紧急控制器电源线连接是否牢固，各组闸机紧急连接线是否稳固。

③IBP（硬线释放）测试紧急放行功能是否正常，恢复紧急测试功能是否正常，所有闸机动作是否正常。

④SC 工作站（软件释放）测试紧急放行功能是否正常，恢复紧急测试功能是否正常，所有闸机动作是否正常。

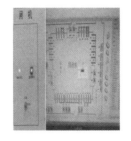

图 3-60　检修紧急控制盒

4. 年检

（1）SC SVR 数据维护

①检查系统运行状态、应用程序运行状态、应用程序版本号、设备通信状态有无异常。

②检查并统计文件系统各分区使用情况，清理过期的程序日志、系统日志。

③检查数据库是否自动清理过期数据，如果有过期数据则手动清除。

（2）三层交换机检修

①查看交换机日志，确认无异常。

②修改交换机密码。

③备份交换机配置文件。

④查看车站环网状态是否正常。

（3）SC SVR 内部清洁

①按步骤关闭服务器。

②用吹风机和毛刷清洁 SC SVR 内部，包括滤尘网和风扇的灰尘。

③检查散热系统通风道是否畅通，散热风扇是否转动灵活。

④检查机内硬件有无缺损，确保各板卡安装可靠、无松动，螺钉紧固到位。

⑤确保线缆接插件固定良好，无接触不良现象。

（二）SC WS 维护

1. 日检（图 3-61）

（1）查看 SC 显示屏字迹是否清晰、完整、无乱码。

（2）查看 WS 是否能监控到各设备且各设备状态是否正常无告警。

（3）查看交易数据是否能正确统计分时客流，进出站数据交易时间是否连续。

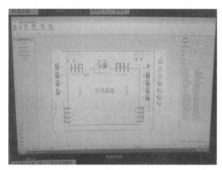
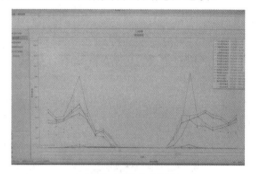

a）SC 工作站显示界面　　　　b）SC 工作站交易数据

图 3-61　SC 工作站日检

2. 月检

（1）设备清洁（图 3-62）

①用抹布清洁显示器表面灰尘。

②用毛刷和抹布清洁键盘及托盘、鼠标、线束表面灰尘。

③用毛刷和抹布清洁主机表面灰尘。

图 3-62　清洁工作站

（2）紧固件、接插件检查（图 3-63）

检查显示屏、主机的接插线缆是否松动，确保连接正确、可靠，紧固到位。

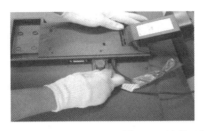 

图 3-63　检查工作站紧固件、接插件

(3)设备功能检测(图 3-64)

①开机登录系统。

②检查液晶显示器是否显示正常,键盘、鼠标操作是否正常。

③运行杀毒软件杀毒,确保工作站电脑硬盘上无病毒。

④登录业务软件,确保网络连接正常。

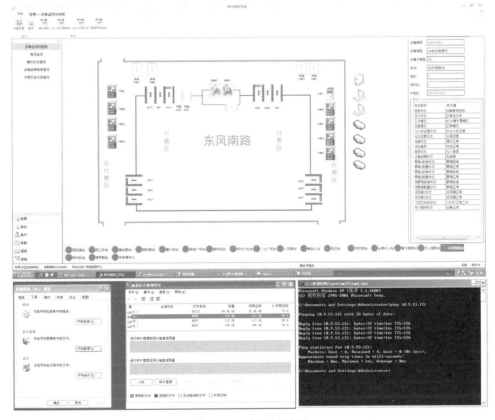

图 3-64　工作站功能检测

3. 年检

(1)内部清洁(图 3-65)

①用吹风机清理工作站主机内部灰尘。

②用毛刷清洁电路板积灰。

③检修主机内部排线接插情况,确保无老化,无松脱,及时更换损耗件。

图 3-65　清洁工作站内部

(2)设备清洁(图 3-62)

①用抹布清洁显示器表面灰尘。

②用毛刷和抹布清洁键盘及托盘、鼠标、线束表面灰尘。

③用毛刷和抹布清洁主机表面灰尘。

(3)部件检查

检查显示屏、主机的接插线缆是否松动、有无破损,紧固松动的接插件,更换破损的,如图 3-63 所示。

(4)硬盘整理

整理电脑硬盘碎片,确保电脑硬盘无碎片,如图 3-66 所示。

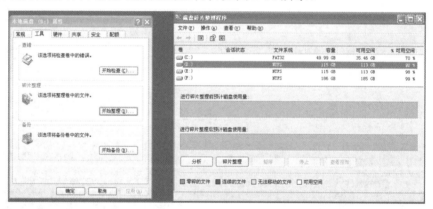

图 3-66　整理电脑硬盘碎片

(5)设备功能检测

①开机登录系统。

②检查液晶显示器是否显示正常,键盘、鼠标操作是否正常。

③运行杀毒软件杀毒,确保工作站电脑硬盘上无病毒。

④登录业务软件,确保网络连接正常。

二、车站供电系统设备维护

车站供电系统的设备包括 UPS 和配电组,其维护包括日检、月检、季检和年检。

1. 日检

(1) 双切电源配电箱检查(图3-67)

检查双切电源配电箱有无异常气味、异常声响,以及主备电源是否正常。

(2) UPS主机状态检查(图3-68)

①确保输入正常、逆变正常、旁路正常。

②检查是否正确记录运行参数。

图3-67　检查配电箱　　　　　　图3-68　查看UPS主机状态

(3) 电池状态检查(图3-69)

①确保无异常响声和气味,无漏液。

②查询深度放电次数。

图3-69　检查电池状态

2. 月检

(1) UPS设备外部清洁(图3-70)

①用抹布清洁UPS机柜表面灰尘。

②用吹风机清洁UPS电池组表面灰尘。

③用抹布清洁电池组表面灰尘。

图3-70　清洁UPS设备外观

(2) 配电组清洁(图3-71)

①用抹布和毛刷清洁配线间配电组表面灰尘。

②用抹布和毛刷清洁票务室配电组表面灰尘。
③检查配线组工作状态,查看有无发热、异味。

图 3-71　清洁配电组

(3)设备功能检测(图 3-72)
①检查 UPS 工作状态。
②检查 UPS 电池表面有无漏液、鼓包、端子锈蚀等现象。

图 3-72　检测设备功能

3. 季检

(1)UPS 设备外部清洁及检查(图 3-73)

①检查每节电池连接线的完整情况,特别是涉及跨层的电池连接线、靠在一起的多根电池连接线以及与电池柜侧板/电池极柱有接触的电池连接线要重点检查,查看是否有破皮或被小动物啃咬的痕迹。有破皮的电缆要做好绝缘工作,被啃咬的电缆要及时更换。

②检查蓄电池接线柱有无松动、酸碱腐蚀现象,连接线及正、负极连接端子有无锈蚀、污迹,注意这些现象并保持设备外部清洁。

图 3-73　清洁、检查 UPS 外部

(2)配电组检修(图 3-74)
①用毛刷清洁配电组内部灰尘。
②紧固配电组内部端子。

③检查标志牌是否准确或有无缺失。

图3-74 检修配电组

(3) 设备配电组检修

紧固SLE配电端子,如图3-75所示。

图3-75 紧固配电组接线端子

(4) 设备功能检测(图3-76)

①检查UPS工作状态。

②检查UPS电池表面有无漏液、鼓包、端子锈蚀等现象。

图3-76 检测设备功能

4. 年检

(1) UPS检修(图3-77)

①检查UPS按键功能。

②切换UPS至维修旁路模式。

③清洁并检查所有散热风扇的运行是否正常,更换不良部件。

④用吹风机清洁UPS控制柜内部灰尘。

⑤检查所有控制和功率部件周围是否有老化、变色等不良现象,如有则更换不良部件。

⑥检查控制和功率部件的变色导线绝缘情况和所有的连线（包括附助选件),如有不良部件要及时予以更换。

⑦测量UPS控制柜内的电池输出保险丝(电压应为0V)。

⑧清洁 UPS 机柜滤网灰尘。

图 3-77　检修 UPS

(2)电池放电测试(图 3-78)

①断开市电,使 UPS 主机进入电池供电模式。

②记录每节电池的放电电压和放电内阻。

③持续 3h 或者电池组总电压降到 348V 以上。

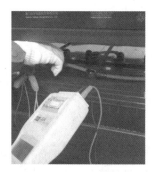

图 3-78　测试电池放电

第四节　车站终端设备维护

一、车站终端设备(SLE)总述

SLE 维护主要是为了保障 AFC 系统设备的运营维护、维修、保养工作,确保系统设备的正常运行,提高系统设备的使用寿命。

SLE 主要包括:TVM、AGM、BOM、TCM 和 PCA。

二、设备维护

（一）TVM 维护

1. 日检（图 3-79）

（1）检查触摸屏屏幕显示是否亮度适中，有无笔画缺损、乱码、抖晃、色差。

（2）确保触摸屏无漂移，触点响应准确；确保运行状态显示器显示无笔划缺损、乱码。

（3）查看运营状态显示器显示黄绿色正常字迹还是红色告警字迹。

（4）确保硬币投币口无污垢和杂物，开关正常。

（5）确保出票口和找零口无污垢、杂物。

（6）确保纸/硬币识别器工作正常，能准确识别纸、硬币，无卡币现象。

（7）确保找零机构工作正常，找零准确。

（8）检测设备是否存在其他报警及故障。

图 3-79 显示器日检

2. 月检

（1）显示屏与运营状态显示屏清洁（图 3-80）

①用刷子除去乘客显示屏四角的灰尘。

②用抹布擦拭乘客显示屏及运营状态显示屏上灰尘和污垢。

注意：毛刷要经过绝缘处理，抹布要潮湿但不能滴液。

图 3-80 清洁乘客显示屏

（2）出票口和退币口清洁（图 3-81）

①检查出票口和退币口是否有杂物。

②用吹风机或刷子清洁出票口、退币口灰尘。

③用抹布清洁出票口、退币口污垢。

注意：毛刷要经过绝缘处理，抹布要潮湿但不能滴液。

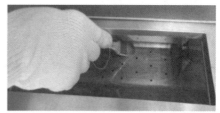

图 3-81 清洁出票口、退币口

（3）投币口清洁（图 3-82）

①检查投币口是否有杂物。

②用刷子和抹布清洁投币口灰尘和污垢。

③检测投币口打开有无卡顿，并使用 WD40 进行润滑（少量喷涂，禁止滴液）。

图 3-82 清洁投币口

注意：毛刷要经过绝缘处理，抹布要潮湿但不能滴液。

（4）设备内部清洁（图 3-83）

①拉出各模块。

②用吹风机和抹布清洁前面板背部。

③用吹风机清洁设备底部框架灰尘。

④用吹风机和抹布依次清洁各模块外部灰尘。

⑤用抹布清洁工控机、打印机外壳灰尘。

⑥用抹布自顶部往下清洁设备内部壳体、不锈钢框架。

⑦用抹布擦干净轴流风扇出风口及防护罩上的灰尘。

⑧用毛刷清洁设备内部各连接线缆灰尘。

⑨用毛刷清洁电源模块外壳灰尘。

注意：毛刷要经过绝缘处理，抹布要潮湿但不能滴液。

图 3-83 清洁 TVM 内部

(5)纸币处理模块清洁(图3-84)

①打开纸币处理模块,用吹风机清洁模块内部灰尘。

②用静电毛刷清洁模块内部侧面齿轮皮带上面的污渍。

③用刷子和吹气球清洁进币口。

④用棉签清洁内部各传感器。

⑤待各模块检修完成且设备上电后,在纸币处理模块接受纸币的状态下,用喷过清洁液的清洁纸,面朝上、下各投入 5 次,待干燥 5min 后投入正常使用。

图 3-84　清洁纸币处理模块

(6)发卡模块清洁与检查(图3-85)

①卸下废票箱、票箱,用吹风机清洁发卡模块票卡通道和基座灰尘。

②用抹布清洁各皮带、刮票轮(确保皮带无自然下垂、裂纹和脱落)。

③用刷子清洁电机、同步轮灰尘。

④用棉签清洁各传感器。

⑤用刷子清洁票箱底座。

⑥用抹布清洁发卡模块框架灰尘。

⑦清洁票卡控制板保护罩、传送电机等部位的灰尘。

⑧检查票卡通道传感器,安装无松动,位置无偏离、遮挡及错位。

⑨检查传输机构转动时是否有异常,如有异常及时调整或更换。

注意:毛刷要经过绝缘处理,抹布要潮湿但不能滴液。

图 3-85　清洁与检查发卡模块

于互换操作。

单程票发售模块在其储票箱与废票箱上装有机械锁,配有专用钥匙,按照正确操作从单程票发售模块中取下时,票箱上盖处于封闭状态,以防止单程票的流失。储票箱与废票箱内壁为不锈钢表面,有较好的平面光洁度,不会因有飞边或者毛刺对票卡造成刮伤的现象。箱体上带有把手,维护人员可以很方便地进行装卸、搬运等工作。图 2-41 所示为单程票发售模块的储票箱和废票箱外观示意图。

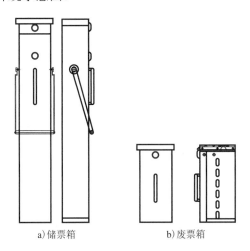

a) 储票箱　　　　b) 废票箱

图 2-41　单程票发售模块的储票箱和废票箱外观示意

单程票发售模块的主要规格参数如下所述。

① 外形尺寸:740mm(高)×160mm(宽)×564mm(深)。

② 票介质:非接触式 IC 卡(Mifare Ultra Light)规格的单程票。

③ 票箱:数量为 2 个,容量为 1000 张(每箱)。

④ 废票箱:数量为 1 个,容量为 300 张(每箱)。

⑤ 出票速度:约 60 张/min(从接收到主控单元的出票通知后到完成出票)。

⑥ 检测车票不足:有此功能(储票箱、废票箱)。

⑦ 预报车票不足:有此功能(储票箱、废票箱)。

⑧ 检测票箱安装到位:有此功能(储票箱、废票箱)。

⑨ 接口:电源为 DC24V,上位通信为 RS 232C。

⑩ MCBF:≥50 万次。

储票箱的主要规格参数如下所述。

① 尺寸:602mm(高)×121mm(宽)×95mm(深)。

② 质量:约 4 kg(不含卡质量)。

③ 材质:不锈钢。

④ 车票容量:1000 张(每箱,厚 0.50mm 的车票)。

⑤ RFID:1 个(记录数据用)。

(7)硬币模块清洁与检查(图3-86)

①将硬币模块拉出,卸下硬币补充箱、硬币回收箱。

②用棉签清洁入币口传感器、检知感光器、计数感光器、硬币找零传感器表面的灰尘。

③用吹风机和毛刷清洁投币口转盘、硬币回收通道、识别器感应区及其他机械部件的浮尘和污垢。

④用抹布清洁硬币处理模块框架的灰尘。

⑤清洁硬币传送通道皮带。

⑥手动检查硬币模块皮带绿色转动轮的转动是否顺畅,有无异响。

图3-86　清洁与检查硬币模块

(8)纸币找零模块清洁与检查(图3-87)

①将纸币找零模块拉出,卸下纸币找零箱、废钞箱。

②用吹风机清洁基座及模块框架表面的灰尘。

③用吹风机清洁传送通道和传感器处的灰尘。

④用棉签清洁传感器(不包含厚度传感器)。

⑤手动检查纸币找零模块皮带绿色转动轮的转动是否顺畅,有无异响。

图3-87　清洁纸币找零模块

(9)功能测试(图3-88)

①确认模块安装到位,如果测试过程中需要维修,请单独断开该模块电源。

②闭合空开、闭合电源模块开关、开机。

③在触摸屏上点击各目标站点,检查显示屏上的站点和票价内容是否正确,运营状态显示器显示是否清晰。

④观察纸币口指示灯显示是否正常;硬币投币口打开是否正常。

⑤测试纸币处理模块是否正常接收纸币(5元、10元)。

⑥测试打印机是否能正常打印单据。

⑦观察乘客购票时是否连续发售 5 张单程票且找零正常。

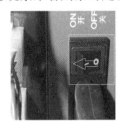

图 3-88　测试 TVM 功能

3. 季检

（1）车票发售模块检修（图 3-89）

①检查票箱与基座的安装接触贴合度是否紧密。

②检查传动皮带表面及内侧摩擦部位的损耗程度，如发现有皮带老化、松弛现象应及时更换。

③检查票箱到位传感器和票卡传输通道传感器位置是否紧固恰当。

④检查票箱锁及卡口功效是否变化。

⑤检测压轮、滚轮、转向器是否正常。

⑥手动检查票卡升降机构升降是否正常（升降过程中无异响且动作顺畅）。

⑦检查发票控制板，要求无浮沉、无污垢。

⑧检查车票发卡模块各连接线缆、插接件、固件、板卡螺钉有无松脱现象，若有则加以紧固。

⑨检测导轨是否形变，滑动是否顺畅（无异响，无顿挫）。

图 3-89　车票发售模块季检

（2）纸币处理模块检修（图 3-90）

①拔去纸币处理模块的电源线、通信线；卸下纸币处理模块。

②打开纸币处理模块，检查纸币处理模块定位卡销能否自动锁定（纸币处理模块打开角度大约为 60°）。

③卸下纸币处理双侧机壳、前机头、上下通道板和固定导向板,用吹风机清洁纸币处理模块上下部及拐角处的积灰和纸屑。

④用橡皮擦清洁上下两部分及左右两侧的金属接触点。

⑤用橡皮擦清洁4个校准面。

⑥使用软毛刷和棉签清洁上下4个读头(禁止用手触摸镜头表面)。

⑦卸下纸币回收箱,清洁钱箱触点、纸币处理模块下部的钱箱触针。

⑧检查纸币处理模块线缆及接插件(有无破损或折痕)。

⑨检测导轨是否形变,滑动是否顺畅(无异响,无顿挫)。

⑩待各模块检修完成且设备上电后,用电脑测试软件对纸币处理模块进行纸币接收参数校准,待测试正常后投入正常使用。

图 3-90　纸币处理模块季检

(3)硬币模块检修(图 3-91)

①清洁循环找零箱、补币箱的转盘和计数传感器的灰尘与污垢,检查转盘及弹跳器有无磨损。

②用棉签清洁硬币补币箱插接触头。

图 3-91　硬币处理模块季检

③手动检查硬币处理模块皮带绿色转动轮的转动是否顺畅,有无异响。
④手动检查暂存处 V 形槽的翻动是否顺畅,有无异响。
⑤手动检查硬币通道金属翻版归位是否正常(无错位,无摩擦)。
⑥检查硬币处理模块外部线缆、插接件是否松动。
⑦紧固硬币处理模块各部件固定螺钉。
⑧检测导轨是否形变,滑动是否顺畅(无异响,无顿挫)。

(4)纸币找零模块检修(图 3-92)
①用棉签清洁纸币找零模块的厚度传感器,按下厚度传感器反射挡板底部的铁片,用棉签清洁厚度传感器发射端和反射挡板。
②检测皮带有无老化,裂痕。
③检查纸币找零模块皮带绿色转动轮的转动是否顺畅,有无异响。
④检查纸币找零模块外部的线缆和接插件是否松动。
⑤固定纸币找零模块各部件的螺钉。
⑥检测导轨是否形变,滑动是否顺畅(无异响,无顿挫)。

图 3-92 纸币找零模块季检

(5)读卡器检修
①用毛刷清洁读卡器的灰尘。
②检查读卡器连接线缆是否有松动现象。
③打开读卡器外壳,拔出 SAM 卡,清洁 SAM 卡触电氧化层。
④检修完成后测试读卡器读写功能。
(6)打印机检修(图 3-93)
①用吹风机清洁打印机内部灰尘及纸屑。
②检查打印机口与凭条出口是否对齐。

③紧固打印机线缆和固定螺钉。

图 3-93　打印机季检

（7）控制板清洁及紧固件插接件检修（图 3-94）
①用静电毛刷清洁发卡模块控制板及 IO 板。
②检查并紧固门锁、门撑杆、定位销、乘客显示器、读写器、工控机、电源等部件的螺钉。
③检查并紧固各模块紧固件及插接件，如有松动或缺失，应予以紧固和及时补缺。
④检查各连接线缆连接状态是否正常（无断裂，折痕），是否有松动脱落，以及线缆绝缘是否有破损现象，如有要及时维修处理。

图 3-94　控制板、紧固件季检

（8）功能测试（图 3-95）
①确认模块安装到位，如果测试过程中需要维修，请单独断开该模块电源。
②闭合空开、闭合电源模块开关、开机。
③手动检测打印机打印是否正常。
④在触摸屏上点击各目标站点，检查显示屏上的站点和票价内容是否正确，运营状态显示器显示是否清晰。

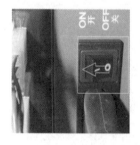

图 3-95　TVM 功能测试季检

⑤观察纸币口指示灯显示是否正常;硬币投币口打开是否正常。
⑥测试纸币处理模块是否正常接收纸币(5元、10元)。
⑦观察乘客购票时是否连续发售5张单程票且找零正常。

4. 年检

(1)发卡模块检修(图3-96)

①检查票箱是否形变(更换形变严重的票箱),检查票箱锁及卡口功效是否发生变化。
②根据皮带、刮票轮使用频率和磨损情况,更换传动皮带、刮票轮。
③检查机构电机、压轮、滚轮、轴承,确认机械部件运转正常、无异响,更换磨损的压轮、滚轮、轴承。
④检查机构内螺钉螺母和其他紧固件有无松动、缺失,如有松动进行紧固,如有缺失进行补齐。
⑤检查传动部位的弹簧及轴承是否缺油和松动,转动时有无异响及停顿或超时,如有及时润滑调整。
⑥用润滑油润滑发卡通道的滚轮、压轮及轴承。
⑦用润滑脂润滑升降丝杆(升降丝杆涂抹润滑脂后,升降3次,清除多余润滑脂)。
⑧检测导轨是否形变,滑动是否顺畅(无异响,无顿挫),更换形变导轨。
⑨检查板卡接插线缆是否完好,检查控制线路板各信号灯是否正常。
⑩在测试模式下连续发售10张测试票无故障,则可确认发卡模块工作状态良好。

图3-96 发卡模块年检

(2)纸币处理模块检修(图3-97)

①根据皮带使用频率和磨损情况,更换皮带。
②检查同步轮磨损情况,更换磨损严重的同步轮。
③检查滚轮与滚轴磨损情况,更换磨损严重的滚轮或滚轴。
④检查模块内排线有无破损或接触不良,更换损坏的排线。

⑤检查长度传感器是否完好,更换损坏的长度传感器。
⑥检查定位卡销有无形变,调整或更换发生形变的定位卡销。
⑦用润滑脂润滑活塞轮轴、叉子。
⑧清洁滚筒内部及内部传感器的灰尘。
⑨清洁纸币钱箱内部及内部传感器的灰尘。
⑩检测控制板电压(DC3V),若电压低于额定值,更换电池。

图 3-97 纸币处理模块年检

(3)硬币模块检修(图 3-98)
①检查硬币补币箱和回收箱有无形变,更换形变严重的补币箱和硬币回收箱。
②拆卸硬币处理模块,清洁内部灰尘及污垢。

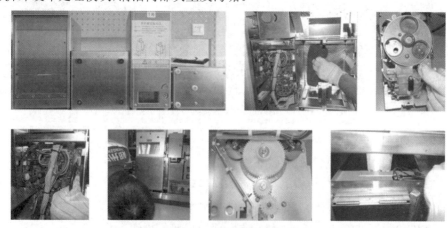

图 3-98 硬币模块年检

③检查硬币处理模块的传送通道各传动轮及皮带磨损情况,更换磨损严重的传动轮及皮带。

④检查硬币补币箱及循环找零箱内部转盘及弹跳器,更换磨损严重的转盘及弹跳器。

⑤清洁硬币处理模块控制板并紧固插接件。

⑥检查硬币处理模块导轨有无形变,更换形变的导轨。

⑦用润滑油润滑硬币处理模块暂存处的传动齿轮。

⑧待各个模块检修完成,设备上电后,检查硬币回收箱电磁感应器是否正常,调整不正常的电磁感应器。

(4)纸币找零模块检修(图3-99)

①检查同步轮磨损情况,更换磨损严重的同步轮。

②检查滚轮与滚轴磨损情况,更换磨损严重的滚轮或滚轴。

③检测并调整厚度传感器的值,保证在正常范围内(E7±4)。

④检测皮带有无老化,裂痕,更换废旧皮带。

⑤检查纸币找零模块皮带绿色转动轮的转动是否顺畅,有无异响。

⑥清洁纸币找零模块内部控制板并检查线缆和接插件是否松动。

⑦检查纸币找零模块各部件固定螺钉是否缺失、损坏(及时补缺或更换)。

⑧检测导轨是否形变,滑动是否顺畅(更换形变导轨)。

   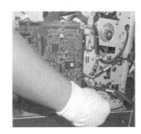

图3-99 纸币找零模块年检

(5)工控机检修(图3-100)

①用吹风机清洁工控机内部灰尘,检查硬件有无缺损。

②检修工控机内部线缆连接情况,理清并整理好线缆。

③检查DOM盘,CF卡等存储介质的读写是否正常,如有异常予以更换。

④设备上电后,检测操作系统、应用软件(包括配置文件)运行是否正常。

图 3-100　工控机年检

(6)读卡器检修(图 3-101)

①拆卸读卡器,清洁其内部机构灰尘、污垢。

②查看电路板、SIM 触点有无氧化现象。

③检查 TPU 与天线盘之间的线缆有无破损松动。

④待各模块检修完成,设备上电后,连接读卡器,测试读卡器的读写功能。

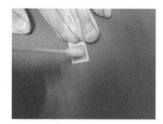

图 3-101　读卡器年检

(7)接地电阻测试

①设备外壳接地电阻≤1Ω。

②设备火地电阻≥0.5MΩ。

(8)紧固件及插接件检修(图 3-102)

①检查并紧固门锁、门撑杆、定位销、乘客显示器、读写器、工控机、电源等部件的螺钉,如有缺失,及时补缺。

②检查并紧固各模块紧固件及插接件有无老化、裂痕,如有必要及时更换。

③确保设备电源线无破损,绝缘良好。

图 3-102　紧固件插接件年检

(9)功能测试

功能测试同 TVM 季检的功能测试,此处不再赘述。

(二)AGM 维护

1. 日检(图 3-103)

(1)确保乘客显示屏正确显示,字体笔画完整,无乱码。

(2)确保导向指示灯、告警灯显示状态正确。

(3)检查读卡器的工作状态是否正常。

(4)确保扇门无缺角、裂纹等。

(5)查看乘客显示屏右下角是否正常显示联机状态,对脱机状态的设备找出原因且尝试修复。

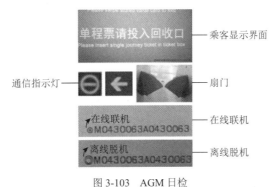

图 3-103　AGM 日检

2. 月检

(1)清洁显示屏及外壳(图 3-104)

①用刷子除去显示屏四角处的灰尘。

②用抹布擦拭显示屏的灰尘、污垢。

③清洁 AGM 外壳、通行指示灯、警示灯、传感器等。

图 3-104　清洁 AGM 维护显示屏

(2)设备内部清洁(图 3-105)

①用吹风机清洁设备内部灰尘。

②用抹布清洁设备内部机械表面及附属部件、电源盒、工控机、读卡器的外罩。

③用吹风机或细棉签清洁人行通道的对射传感器及漫反射传感器。

④用经过绝缘处理的毛刷清洁各类控制电路板,应保证无积灰。
⑤用毛刷清洁设备内部各连接线缆处的灰尘。

图 3-105　清洁 AGM 内部

(3)车票回收模块检修(图 3-106)
①卸下废票箱、票箱,用吹风机清洁回收模块票卡通道和基座灰尘。
②检查并清洁皮带(确保皮带无自然下垂、裂纹和脱落)。
③用刷子清洁电机、同步轮上的灰尘。
④用棉签清洁车票回收通道、票箱到位等传感器。
⑤用刷子清洁票箱底座。
⑥清洁票卡控制板保护罩、传送电机、框架各机械部位的灰尘及絮状物。

图 3-106　车票回收模块月检

(4)扇门单元检修(图 3-107)
①用抹布清理扇门单元门扇、门扇支架的灰尘及污垢。
②用抹布清洁扇门单元吸盘、电机、减速箱、电磁铁、摆臂的油污及灰尘。
③用抹布清洁扇门单元底座支架的灰尘。

图 3-107　AGM 扇门月检

(5)功能测试(图 3-108)
①确认模块安装到位。

②设备开机(先闭合空开,再闭合电源模块开关)。

③检查显示屏上的提示内容是否正确,显示是否清晰。

④登录账号进入"2.维护界面"→"3.硬件测试",测试各模块动作是否正常。

⑤观察乘客通行时是否连续检票5次无故障。

图 3-108　测试 AGM 功能

3. 季检

(1)票卡回收模块检修(图 3-109)

①检查票箱与基座的安装接触贴合度是否紧密。

②检查传动皮带表面及内侧摩擦部位的损耗程度,如发现有皮带老化、松弛现象应及时更换。

③检查票箱到位传感器和回收票卡传输通道传感器位置是否紧固恰当。

④检查票箱锁及卡口功效是否发生变化。

⑤检测压轮、滚轮、电磁铁、转向器是否正常。

⑥手动检查票卡升降机构升降是否正常(升降过程中无异响且动作顺畅)。

⑦检查回收模块控制板,要求无浮尘、无污垢。

⑧检查车票回收模块各连接线缆、插接件、固件、板卡螺丝有无松脱,如松脱要加以紧固。

⑨检测导轨是否形变,滑动是否顺畅(无异响,无顿挫)。

图 3-109　票卡回收模块季检

(2)扇门模块检修(图 3-110)

①调整到位传感器位置、扇门到位螺栓至适当位置(到位传感器与到位螺栓之间相离 3~5mm)。

②调整保持信号传感器和电磁铁、吸盘位置至适当位置(门体动作至最大行程,感应信号保持正常)。

③检查扇门机构各部件的连接线缆及插接件是否松动。

④检查扇门机构各部件固定螺栓是否松动,如有松动则加以紧固。
⑤检查扇门动作机构是否正常,对扇门动作机构轴承注油。

图 3-110　扇门模块季检

(3)二层交换机季修(图 3-111)

①打开边机维修门,用抹布和毛刷清洁交换机表面、交换机电源适配器表面、光纤法兰表面的积灰。

②依据网络设备端口连接对照表,逐一核查下联设备,确认无人随意变动端口连接线路,并检查标签是否正常。

③检查网络连接水晶头、光缆尾纤连接是否牢固可靠,有无折损情况。

④检查二层交换机工作状态是否良好(接口指示灯是否正常)。

图 3-111　二层交换机季检

(4)控制板清洁及紧固件、插接件检修(图 3-112)

①用静电毛刷清洁 PCM 板、主连接板、从连接板、回收模块控制板及扇门连接控制板(MIB 板)。

②检查并紧固门锁、门撑杆、定位销、乘客显示器、读写器、工控机、电源等部件的固定螺钉。

③检查并紧固各模块紧固件及插接件,如发现部件松动或缺失,应予以紧固和及时补缺。

④检查各线缆是否松动脱落和线缆绝缘是否有破损现象,如有要及时维修处理。

⑤检查设备各部件、控制板卡接插件是否牢固稳定,如有接插件接触不良、松动等现象,应予与更换。

图 3-112　控制板清洁及紧固件季检

（5）功能测试

AGM 季检功能测试同月检功能测试，此处不再赘述。

4. 年检

（1）票卡回收模块检修（图 3-113）

①检查票箱是否形变（更换形变严重的票箱），检查票箱锁及卡口功效是否变化。

②根据皮带、刮票轮使用频率和磨损情况，更换传动皮带、刮票轮。

③检查回收机构电机、压轮、滚轮、轴承，确认机械部件运转正常，无异响，更换磨损的压轮、滚轮、轴承。

④检查机构内螺钉螺母和其他紧固件有无松动、缺失，如有松动进行紧固，补齐缺失零件。

⑤检查传动部位的弹簧及轴承是否缺油和存在松动，转动时有无异响及停顿或超时，如有及时润滑调整。

⑥清洁传动部位弹簧及轴承上的油灰混合油泥和油污。

⑦用润滑油润滑回收通道的滚轮、压轮及轴承，用润滑脂润滑升降机构升降丝杆（升降丝杆涂抹润滑脂后，升降 3 次，清除多余润滑脂）。

⑧检测导轨是否形变，滑动是否顺畅（无异响，无顿挫，更换形变导轨）。

⑨检查回收机构板卡接插线缆是否完好，检查控制线路板各信号灯是否正常。

图 3-113　票卡回收模块年检

（2）扇门模块检修（图 3-114）

①检查扇门机构各部件的连接线缆及插接件的状态（如有接触不良、老化松动或破损的，及时更换）。

②用专用润滑脂对扇门动作机构轴承注油。

③检查扇门机构底座及电机固定支架螺钉是否紧固，如有松动则加以紧固。

④检查扇门机构复位弹簧的松紧程度。

⑤检查扇门支架是否形变、门扇是否破损（更换形变严重的支架和破损的门扇）。

⑥调整扇门机构到位螺栓,使其在扇门打开时与闸机侧面平行。

⑦调整扇门机构上下限到位传感器(到位传感器与到位螺栓之间相离 3～5mm)。

图 3-114　扇门模块年检

(3)二层交换机检修(图 3-115)

①检查二层交换机工作状态是否良好(接口指示灯是否正常)。

②检查网络连接水晶头、光缆尾纤连接是否牢固可靠,有无折损情况。

③依据网络设备端口连接对照表,逐一核查下联设备,确认无人随意变动端口连接线路,并检查标签是否正常。

④用万用表测量二层交换机适配器供电是否正常(DC24)。

⑤检查光纤尾纤弯曲半径是否合格(最小弯曲半径≥150mm)。

⑥检查光纤盒备用端口防尘帽是否缺失。

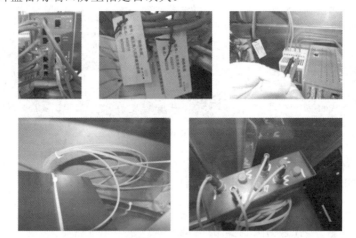

图 3-115　二层交换机年检

(4)读卡器

同 TVM 读卡器年检,此处不再赘述。

（5）工控机检修

同 TVM 工控机年检，此处不再赘述。

（6）接地电阻测试

同 TVM 接地电阻测试年检，此处不再赘述。

（7）紧固件及插接件检修

同 TVM 紧固件及插接件年检，此处不再赘述。

（9）功能测试

功能测试同 AGM 月检的功能测试，此处不再赘述。

（三）BOM 维护

1. 日检（图 3-116）

（1）检查读写器的 L1 和电源绿灯指示工作状态是否正常，数码管显示 88 表示读卡功能正常。

（2）确保显示屏的显示均应亮度适中，无笔画缺损、抖晃、色差和功能缺失等现象。

（3）检查 BOM 能否正常连接到 SC SVR（操作显示屏最下方状态栏中间是否显示"联机"）。

（4）检测设备是否存在其他报警及故障，如有设备故障要对其进行检修，必要时更换故障部件。

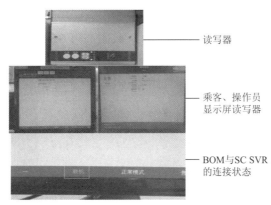

图 3-116　BOM 日检

2. 月检

（1）设备清洁（图 3-117）

①用吹风机清洁设备机柜内部灰尘。

②用抹布清洁设备内部机械表面、电源模块表面、工控机表面的灰尘。

③用毛刷清洁电源空开表面灰尘。

④用毛刷和抹布清洁显示器、键盘、鼠标、读写器表面、线缆表面、天线盘、机柜外壳表面积灰。

⑤用毛刷清洁键盘内部杂物。
⑥清洁打印机表面灰尘及内部积灰和纸屑。

图 3-117　清洁 BOM 内部

（2）紧固件、接插件检查

检查工控机和读卡器的接插件、线缆是否松动，连接是否正确、可靠且紧固到位；检查设备机械部分螺钉、接插件是否紧固到位，如有紧固件松动、缺失的现象，应予以紧固和及时补缺；接插件老化引起接触不良的，予以更换。

（3）设备功能检测

①确保乘客显示屏的显示亮度适中，无笔画缺损、字符显示正常。
②检查读写器通信是否正常（外置读卡最大有效距离为 6cm）。
③确保键盘、鼠标操作正常、灵活。
④检测打印机有无无夹纸、缺色带、缺纸和功能缺损等异常情况。
⑤检查与 SC 的通信连接是否正常。

3. 年检

（1）工控机检修

BOM 工控机年检同 TVM 工控机年检，此处不再赘述。

（2）读写器检修

BOM 读写器年检同 TVM 读写器年检，此处不再赘述。

（3）部件检查

①检查线缆有误缺损，更换破损的线缆。
②检查接插件有无老化、破损现象，更换损耗件。

（4）功能测试

①检查模块键盘、鼠标有无按键失灵或损坏现象，更换损耗件。
②检查显示屏是否损坏，更换损坏的显示器。
③检查 DOM 盘，CF 卡等存储介质的读写是否正常，如有异常予以更换。

④设备上电后,检测操作系统、应用软件(包括配置文件)运行是否正常。

⑤检查读卡器的连接情况,测试读卡器的读写功能。

(四)TCM 维护

1. 日检

确保液晶屏屏幕显示均应亮度适中,无笔画缺损、乱码、抖晃、色差;触摸屏无漂移,触点响应准确。

2. 月检

(1)设备清洁(图 3-118)

①用吹风机清洁设备内部表面灰尘。

②用毛刷清洁电源盒表面灰尘。

③用抹布清洁设备内部机械表面及附属部件、工控机、电源盒、读卡器外罩表面的灰尘。

④用毛刷和抹布清洁乘客显示屏表面。

图 3-118　TCM 月检(清洁)

(2)紧固件、接插件检查

TCM 紧固件、接插件的月检同 BOM,此处不再赘述。

(3)设备功能测试

①目测乘客显示屏,确认无笔画缺损、字符显示正常。

②检查读卡器的通信是否正常(外置读卡距离最大有效距离 6cm)。

③检查与 SC 的通信连接正常。

3. 年检

(1)工控机检修

TCM 年检中对工控机的检修同 TVM 年检中的工控机检修,此处不再赘述。

(2)读写器检修

TCM 年检中对读写器的检修同 TVM 年检中的读写器检修,此处不再赘述。

(3)部件检查

TCM 年检中对部件的检查同 BOM 年检中对部件的检查,此处不再赘述。

(4)功能测试

①检查显示屏是否损坏,更换损坏的显示器。

②检查 DOM 盘、CF 卡等存储介质的读写是否正常,如有异常予以更换。

③设备上电后,检测操作系统、应用软件(包括配置文件)运行是否正常。
④检查读卡器的连接情况,使用票卡测试读卡器的读写功能。

(五)PCA维护

1. 月检

(1)完好性检查(图3-119)

查看外观是否完好、各配件是否齐全,并用抹布清洁设备外壳。

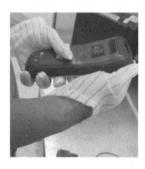  

图3-119　检查PCA完好性

(2)功能性检查(图3-120)

①开机验证软件是否正常启动。

②与SC连接,检查PCA设备的合法性,包括PCA设备信息检查、PCA使用车站信息检查和PCA有效标志检查。

③查看屏幕、声音是否正常。

④测试验票功能是否正常。

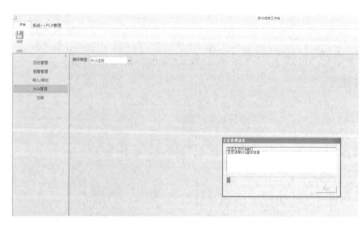 

图3-120　检查PCA功能

2. 年检

(1)SIM卡触点检查(图3-121)

检查SIM卡触点是否氧化、松动,如不能正常使用,及时更换整机。

图 3-121　检查 SIM 触点

（2）电池检测（图 3-122）

测试电池是否能正常充电以及是否能正常使用，如不能正常使用，及时更换电池。

图 3-122　检测电池

第四章　自动售检票系统通用维修工具及仪器仪表

> **岗位应知应会**
>
> 1. 整体了解设备维护过程中常用的工器具和仪器仪表。
> 2. 掌握维修需工器具和仪器仪表的使用方法。
>
> **重难点**
>
> 常用仪器仪表的工作原理。

第一节　常用维修工具

工具是人类社会进化的一个重要里程碑,古语说"工欲善其事,必先利其器",可见工具的使用很重要。同样在 AFC 设备维修维护中,工具的使用也是必不可少的,熟练掌握工具的使用将有助于提高我们的工作效率。

维修人员会在维修工具包内配备一套常用工具,具体配置如表 4-1 所示。

维修工器具列表　　　　表 4-1

序号	工具名称	规格型号	单位	数量	用　途
1	十字螺丝刀	$\phi 5 \times 75$	把	1	拆装设备零部件
2	十字螺丝刀	$\phi 7.5 \times 40$	把	1	拆装设备零部件
3	十字螺丝刀	$\phi 7.5 \times 150$	把	1	拆装设备零部件
4	十字螺丝刀	$\phi 5 \times 150$	把	1	拆装设备零部件
5	一字螺丝刀	$\phi 3 \times 100$	把	1	拆装设备零部件
6	一字螺丝刀	$\phi 5 \times 150$	把	1	拆装设备零部件
7	一字螺丝刀	$\phi 2 \times 40$	把	1	拆装设备零部件
8	不锈钢直镊子	1PK-TZ003	把	1	多用于纸币处理模块、打印机取出卡纸
9	尖嘴钳	150m/m	把	1	零部件拆卸与紧固
10	斜口钳	125m/m	把	1	多用于剪掉扎带、线缆头
11	手钳(老虎钳)	150m/m	把	1	设备零部件机械矫正
12	内六角扳手	公厘9支组	套	1	拆装设备零部件

续上表

序号	工具名称	规格型号	单位	数量	用途
13	皮老虎	橡胶	个	1	清除敏感元器件等表面灰尘
14	手持式恒温电烙铁	55W	个	1	线缆、线头的焊接
15	活动扳手	12″	把	1	拆装、紧固设备零部件
16	活动扳手	6″	把	1	拆装、紧固设备零部件
17	测电笔	电子显 220～250V	把	1	设备电源、线缆带电的检测
18	不锈钢剪刀	直头	把	1	多用于剪掉扎带、线缆头
19	软毛刷	防静电	把	1	清除敏感元器件等表面灰尘
20	对讲机	800M 手持台	台	1	接报故障及信息沟通

一、螺丝旋具

螺丝旋具是设备日常维护检修及故障抢修的常用工具,螺丝旋具又称螺丝刀、螺丝批、起子和改锥等,用来紧固和拆卸各种紧固力较小的螺钉。螺丝旋具是由刀柄和刀体组成的,刀口形状有"一"字、"十"字、内六角、六角套筒等。根据刀体长度和刀口大小,每一类螺丝旋具都有不同的型号。电气维护用的螺丝旋具刀体部分用绝缘管套住。

使用时,首先根据螺钉头部槽的形状和大小,选择合适的旋具,否则会损坏旋具或螺钉槽。然后用大拇指、食指和中指夹住刀柄,手掌顶着刀柄末端,最后把刀口放入螺钉头部槽内,使用合适的压力旋紧或旋松螺钉。

螺丝旋具用力时不能对着别人或自己,以防其脱落伤人。除了允许敲击的撞批外,一般螺丝旋具不允许用锤子等工具敲击,不允许用螺丝旋具代替凿子或撬棍使用。

二、扳手

扳手是用于旋紧或拧松有角螺栓或螺母的工具。常用的扳手有活动扳手、呆扳手、梅花扳手、两用扳手、套管扳手、内六角扳手、棘轮扳手、扭力扳手和专用扳手等。使用时,手握手柄,手越靠后,扳动起来越省力。不允许将扳手当作撬棍或锤子使用。

三、钳

钳按功能和形状可以分为克丝钳、尖嘴钳、扁嘴钳、鹰嘴钳、剥线钳、斜口钳、压线钳等。克丝钳具有夹持和剪切功能,常用来夹持器件、剪切金属线、弯绞金属线、紧固和拧松螺钉等。尖嘴钳的头部尖细,适合在狭小空间操作,可以用来夹持小的器件、剪切细小金属线、修整导线形状、紧固和拧松小螺钉。扁嘴钳的头部扁平,有带齿和不带齿两种,适合用来夹持和修整器件,不带齿的不会在器件上留下夹压的痕迹。鹰嘴钳的头部尖细且弯曲,适合用来夹持小的器件。斜口钳的头部有锋刃,用来剪切金属线。剥线钳用于剥除截面 $6mm^2$ 以下导线的绝缘层,使用时,选择相应的剥线刀口,以免损伤芯线。压接钳用来压接各类接头,有机械式压接钳和油压式压接钳。根据不同的压接接头和压接线径,使用不同的压线钳。常用的有网线接头压接钳。不同的钳有不同的功能,切忌混用。不允许用锤子等工具敲击钳或将钳当锤子敲击。

四、镊子

镊子是维修中经常使用的工具,常常用它夹持纸屑、导线、元件及集成电路引脚等。不同的场合需要用不同的镊子,一般要准备直头、平头、弯头镊子各一把。通常选用一把质量好的钢材镊子。

五、电烙铁

电烙铁是电子制作和电器维修的必备工具,主要用途是焊接元件及导线,按机械结构可分为内热式电烙铁和外热式电烙铁,按功能可分为无吸锡电烙铁和吸锡式电烙铁,根据用途不同又分为大功率电烙铁和小功率电烙铁。

(一)恒温式电烙铁

恒温电烙铁头内装有带磁铁式的温度控制器,通过控制通电时间而实现温控,即给电烙铁通电时,烙铁的温度上升,当达到预定的温度时,因强磁体传感器达到了居里点而磁性消失,从而使磁芯触点断开,这时便停止向电烙铁供电;当温度低于强磁体传感器的居里点时,强磁体便恢复磁性,并吸动磁芯开关中的永久磁铁,使控制开关的触点接通,继续向电烙铁供电。如此循环往复,便达到了控制温度的目的。恒温式电烙铁的种类较多,烙铁芯一般采用热敏电阻(PTC)元件。此类型的烙铁头不仅能保持恒温,而且可以防静电、防感应电,能直接焊互补金属氧化物半导体(Complementary Metal Oxide Semiconductor,简称 CMOS)器件。高档的恒温式电烙铁,其附加的控制装置上带有烙铁头温度的数字显示(简称数显)装置,显示温度最高达 400℃。烙铁头带有温度传感器,在控制器上可人工改变焊接时的温度。若改变恒温点,烙铁头很快就可达到新的设置温度。无绳式电烙铁是一种新型恒温式焊接工具,由无绳式电烙铁单元和红外线恒温焊台单元两部分组成,可实现 220V 电源电能转换为热能的无线传输。烙铁单元组件中有温度高低调节旋钮,有 160～400℃连续可调,并有温度高低档格指示。另外,还设计了自动恒温电子电路,可根据用户设置的使用温度自动恒温,误差范围为 3℃。

(二)电烙铁实践指导

电烙铁是用来焊接电器元件的,为方便使用,通常用"焊锡丝"作为焊剂,焊锡丝内一般都含有助焊的松香。焊锡丝使用约60%的锡和40%的铅合成,熔点较低。

松香是一种助焊剂,可以帮助焊接。松香可以直接用,也可以配置成松香溶液,即把松香碾碎,放入小瓶中,再加入酒精搅匀。注意酒精易挥发,用完后记得把瓶盖拧紧。瓶里可以放一小块棉花,用时镊子夹出棉花来涂在印刷板上或元器件上。

电烙铁是捏在手里的,使用时千万注意安全。新买的电烙铁先要用万用表电阻档检查一下插头与金属外壳之间的电阻值,万用表指针应该不动,否则应该彻底检查。

厂家为了节约成本,生产内热式电烙铁时,电源线都不用橡皮花线,而是直接用塑料电线,不太安全。强烈建议换用橡皮花线,因为它不像塑料电线那样容易被烫坏、破损,从而造成短路或触电。

新的电烙铁在使用前要用锉刀锉一下烙铁的尖头,接通电源后等一会儿烙铁头的颜色发生变化就证明烙铁发热了,然后用焊锡丝放在烙铁尖头上镀上锡,使烙铁不易被氧化。在使用中,应使烙铁头保持清洁,并保证烙铁的尖头上始终有焊锡。

使用烙铁时,烙铁的温度太低则熔化不了焊锡,或者使焊锡未完全熔化而呈不好看的样子;烙铁的温度太高又会使烙铁"烧死"(尽管温度很高,却不能蘸上锡)。所以,烙铁的温度一定要适当。另外也要控制好焊接的时间,电烙铁停留的时间太短,焊锡不易完全熔化、会导致接触不充分,形成"虚焊",而焊接时间太长又容易损坏元器件,或使印刷电路板的铜箔翘起。

一般一两秒内要焊好一个焊点,若没完成,应当等一会儿再焊一次。焊接时电烙铁不能移动,应该先选好接触焊点的位置,再用烙铁头的搪锡面去接触焊点。

第二节 常用仪器仪表

仪器仪表是指检测、分析、测试电子产品性能、质量、安全的装置。仪器仪表能改善、扩展或补充人的官能,帮助维修人员快速检测、判断出部件等性能的好坏。

设备维护维修常用的仪器仪表有数字万用表、网线钳及测试仪、兆欧表、内阻测试仪、可调稳压电源等。

一、数字万用表

数字万用表是用于基本故障诊断的便携式装置,主要功能是对电压、电流和电阻、二极管进行测量。

1. 电压的测量(图 4-1)

数字万用表调整为电压档及适当量程,并联在电路中("V—"表示直流电压档,"V～"表示交流电压档)。数值可以直接从显示屏上读取。

2. 电流的测量(图 4-2)

数字万用表调整为电流档及适当量程,串联在电路中("A—"表示直流电流档,"A～"表示交流电流档)。数值可以直接从显示屏上读取。

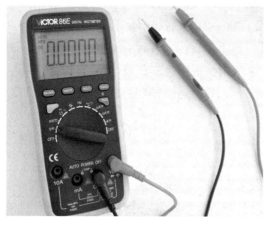

图 4-1 电压测量

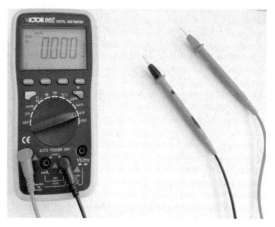

图 4-2 电流测量

需要特别指出的是,如果误用数字万用表的电流档测量电压,很容易将万用表烧坏。因此,在先测电流后,再测电压时要格外小心,注意随即改变转盘和表笔的位置。

3. 电阻的测量(图 4-3)

数字万用表调到欧姆档"Ω"及选择适当量程,与被测电阻并联,待接触良好时读取数值。

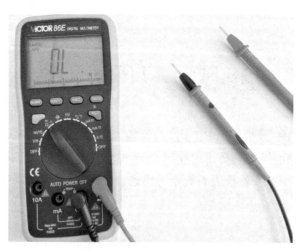

图 4-3 电阻测量示意

4. 二极管的测量(图 4-4)

将数字万用表调到二极管档,用红表笔接二极管的正极,黑表笔接二极管的负极,两表笔与被测二极管并联,这时会显示二极管的正向压降;根据二极管档测对地阻值,从而判断电路是否开路、短路。

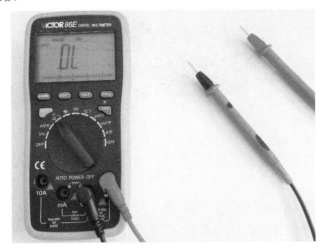

图 4-4　二极管测量示意

二、网线钳及测试仪

网线测试仪,可分别对双绞线 1、2、3、4、5、6、7、8 逐根(对)测试,并可区分、判定哪一根(对)错线,短路和开路。网线钳是用来压接网线或电话线和水晶头的工具。图 4-5 所示为网线测试仪,图 4-6 所示为网线钳。

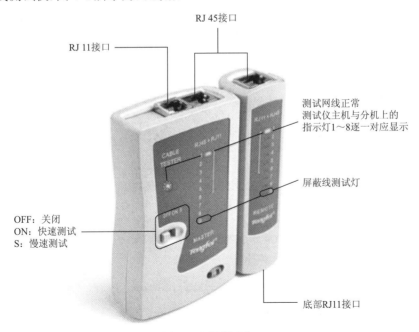

图 4-5　网线测试仪

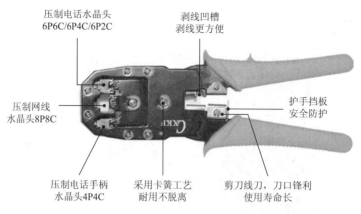

图 4-6　网线钳

1. 使用网线钳制作水晶头的六个步骤(图 4-7)

（1）把线放在网线钳有个缺口的地方转一周，把外壳去掉。

（2）按顺序排好线，白橙、橙、白绿、蓝、白蓝、绿、白棕、棕。剪剩下 1cm 长度。

（3）排好线后，拿着水晶头正面向上（没有扣的一面）。

（4）顺着水晶头线槽用力把排好的线插到位并压实。

（5）再将水晶头放到网线钳内，用力压下去便完成制作。

（6）制作完成后须用测线仪进行测试，灯全亮则制作完成。

1.将线头放入专用剪口处，稍微用力一剪。

2.取出线头，线背剥开，理清线序。

3.将网线剪齐。

4.将网线插入水晶头，并且检查网线。

5.将水晶头放入相应钳口，用手。

6.压制水晶头完成。

图 4-7　网线钳制作水晶头的步骤

2. 测线仪的使用

将网线的两端水晶头插入测线仪 R J45 端口，一端发射信号、一端反馈信号，信号灯将依次闪过，如果有间隔灯未亮说明网线两边序列不一样。568B 标准（通常都用这种标准）：橙白——1，橙——2，绿白——3，蓝——4，蓝白——5，绿——6，棕白——7，棕——8。

三、兆欧表

兆欧表是专门用来检测电气设备、供电线路绝缘电阻的一种便携式仪表。电气设备绝缘性能的好坏,关系到电气设备的正常运行和操作人员的人身安全。为了防止绝缘材料由于发热、受潮、污染、老化等原因所造成的损坏,为便于检查修复后的设备绝缘性能是否达到规定的要求,都需要经常测量绝缘材料和设备的绝缘电阻。

1. 兆欧表的接线

(1)兆欧表有三个接线端钮,分别标有 L(线路)、E(接地)和 G(屏蔽)(图 4-8)。

(2)当测量电力设备对地的绝缘电阻时,应将 L 接到被测设备上,E 可靠接地即可。

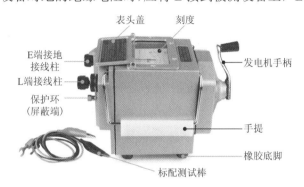

图 4-8 兆欧表 2. 兆欧表的检测(图 4-9)

(1)开路试验:在兆欧表未接通被测电阻之前,摇动手柄使发电机达到 120r/min 的额定转速,观察指针是否指在标度尺"∞"的位置。

(2)短路试验:将端钮 L 和 E 短接,缓慢摇动手柄,观察指针是否指在标度尺的"0"位置。

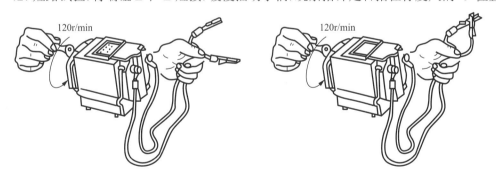

图 4-9 兆欧表检测示意

3. 兆欧表使用注意事项

(1)被测设备和线路应在停电的状态下进行测量。并且兆欧表与被测设备间的连接导线不能用双股绝缘线或绞线,应用单股线分开单独连接。

(2)将被测设备与兆欧表正确接线。摇动手柄时应由慢渐快至额定转速 120r/min。

(3)正确读取被测绝缘电阻值大小。同时,还应记录测量时的温度、湿度、被测设备的状况等,以便于分析测量结果。

(4)兆欧表未停止转动之前或被测设备未放电之前,严禁用手触及,防止人身触电。

四、内阻测试仪(图 4-10)

图 4-10　蓄电池内阻测试仪

目前,内阻的测试已被广泛应用于电池的日常维护中,取代了过去的电压检查法。因为内阻是反映电池内部的参数,电池的内阻已被公认是准确而快速地判断电池健康状况的重要参数。

蓄电池内阻测试仪是快速准确测量电池运行状态参数的数字存储式多功能便携式测试仪器。该仪表通过在线测试,能显示并记录多组电池电压、内阻、连接条电阻等电池的重要参数,有助于精确有效地判别电池的优良状况,并可与计算机及专用电池数据分析软件一起构成智能测试设备,进一步跟踪电池的衰变趋势,并提前报警,以利于工程技术及管理人员酌情处理。

1. 主要功能
(1)在线测量电池的电压、内阻等参数。
(2)电池内阻、电压超限报警。
(3)电池参数全部按分组编号,便于数据管理。
(4)配套强大的计算机电池状态智能分析软件,实现电池的"病历"跟踪分析。

2. 主要特点
(1)高精度在线测试,全自动量程转换,大容量数据存储。
(2)仪表在 0.000～99.999mΩ 测量范围内自动转换量程。
(3)可永久存储 999 组电池参数(每组最多 500 节电池)。可永久存储 200 组电池组设置参数。
(4)菜单操作,320×240 汉字液晶显示。
(5)通过 USB(或 RS 232)接口,将测试数据永久存储在 PC 机上,实现电池的"病历"跟踪分析。
(6)强大的数据管理功能,使仪表可脱离计算机单独使用。
(7)增强的过压保护功能,使仪器工作更安全可靠。
(8)自恢复过流保护功能,使仪器使用更方便,使用最新的 SOC 芯片,使电路大大简化,提高仪表可靠性。
(9)大容量锂电池与适配器两套电源供电,方便用户使用。
(10)电池欠压智能提示,确保测试精度。
(11)体积小,重量轻,自动测试模式方便用户测量。
(12)完善的 PC 机测试数据分析管理软件,自动分析判断电池的劣化状态。

(13)形成历史记录库,描述电池状态曲线,同组电池对比分析,所有电池分级管理(优良中差)。

五、可调稳压电源(图 4-11)

可调稳压电源采用当前国际先进的高频调制技术,其工作原理是将开关电源的电压和电流展宽,实现了电压和电流的大范围调节,同时扩大了目前直流电源供应器的应用。与传统电源相比高频直流电源具有体积小、重量轻、效率高等优点,同时也为大功率直流电源减小体积创造了条件,此电源又称高频可调式开关电源。可调稳压电源保护功能齐全,过压、过流点可连续设置并可预视,输出电压可通过触控开关控制。

稳压电源为恒压(CV)、恒流(CC),输出电压 0～30V 可调,输出负载电流 0～3A 可调,工作特性为恒压/恒流自动转换性,能随负载的变化在恒压与恒流状态之间连续转变,恒压与恒流方式之间的交点称为转换点。利用恒流特性对可充电池进行充电很方便。

可调稳压电源仪器的操作方法为:使用前必须对仪器进行限流标定,开机后将电压调节到需要的电压值,再将电源调节旋钮旋到恒流,若恒流指示灯亮,则表示该机已处于恒流状态。将一个短路线接到短路电源输出的+、-端,调节电流旋钮到所需的电流限定值,设定完毕后勿改变电流旋钮位置,拆除短路线,即可进入工作状态。

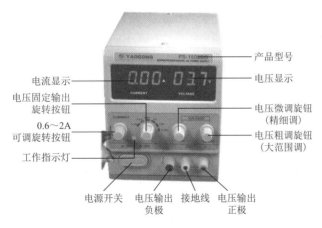

图 4-11 可调稳压电源

六、接地电阻测试仪(图 4-12)

接地电阻测试仪具有中文界面和 LCD 显示屏,是适用于多种用途的精密工具,包括测试电缆、马达和变压器。该测试仪具有"一键计算功能",可计算极化指标和介质吸收率,消除了人为计算误差。无须记忆复杂的公式,或记录一连串的读数。精确的测量结果和信息节约了时间和费用。

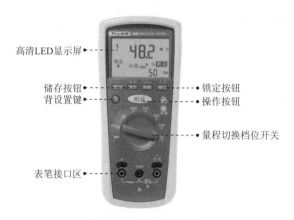

图 4-12 接地电阻测试仪

1. 特性

(1) 0.01 Ω ～ 0.01kΩ 的接地电阻测试。

(2) 通过 / 失败（比较）功能，使重复性测试简单、方便。

(3) 保存 / 调用功能，有 19 个存储单元，节约时间和人力。

(4) 远程测试探头，使重复性测试或难以触及的被测点的测试更加方便。

(5) 带电电路检测功能，如果检测到大于 30 V 的电压，则禁止进行测试，提高了对检测人员的保护能力。

(6) 容性电压自动放电功能，提高了对检测人员的保护能力。

(7) 自动关闭功能，节约电池电量，在室温下利用新电池至少可进行 2500 次接地电阻测量。测试均指标准测试，其电阻为 1Ω，占空比为 5s 打开，25s 关闭。

2. 测量接地耦合电阻（图 4-13）

接地耦合电阻的测量步骤如下所述。

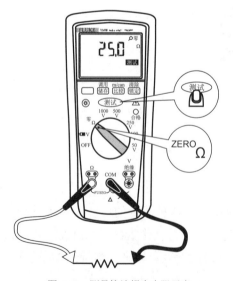

图 4-13 测量接地耦合电阻示意

(1) 将测试探头插入 Ω 和 COM（公共）输入端子。

(2) 将旋转开关转至 0Ω 档位置。

(3) 将探头的端部短接并按住蓝色按钮等到显示屏出现短划线符号为止。测试仪测量探头的电阻，将读数保存在内存中，并将其从读数中减去。当测试仪在关闭状态时，仍会保存探头的电阻读数。如果探头电阻大于 2Ω，则不会被保存。

(4) 将探头与待测电路连接，测试仪会自动检测电路是否通电。

① 主显示位置：按下测试按钮后，将获得一个有效的电阻读数。

② 如果电路中的电压超过 2V（交流或直流），

在主显示位置显示电压超过 2V 以上警告的同时,还会显示高压符号。该种情况下,测试被禁止。在继续操作之前,先断开测试仪的连接并关闭电源。

③如果在按下测试按钮时,测试仪发出哔声,则测试将由于探头上存在电压而被禁止。

(5)按住测试按钮开始测试。显示屏的下端位置将出现测试图标,直到释放测试按钮。主显示位置显示电阻读数,直到开始新的测试或者选择了不同功能或量程。当电阻超过最大显示量程时,测试仪显示大于符号以及当前量程的最大电阻。

第五章　自动售检票设备常见故障处理

> **岗位应知应会**
>
> 1. 了解线路中心设备、SC 设备常见的故障现象及处理方法。
> 2. 了解供电系统设备、紧急系统和 SLE 常见的故障现象及处理方法。
> 3. 掌握本专业常见故障的处理方法，学会处理简单故障。
>
> **重难点**
>
> 重点：对本专业所管辖范围内设备的认知度及处理故障的思路。
> 难点：线路中心设备及供电系统设备的理解。

第一节　线路中心设备常见故障处理

一、全线各站数据未上传至 LC

（1）故障现象：LC 工作站设备监控界面显示全线网络通信中断，无交易数据上传、无客流。

（2）可能原因：中心网络出现故障；LC 业务进程出现异常。

（3）解决办法如下所述。

①检查核心交换机与传输之间的网络连接是否正常，如果正常，继续下一步排查操作；如果网络中断，查看交换机是否正常工作，如果交换机出现故障，须及时处理。

②检查 LC 业务进程是否正常运行（通过在 LC 系统输入命令：afc_ps |wc -l 查询正在运行的业务进程数），正常，则查询其他原因；不正常，则分析其原因并进行恢复操作。

二、AFC 系统 LC 工作站断电

（1）故障现象：LC 工作站断电，其他专业供电正常。

（2）可能原因：AFC 配电箱内机柜电源接线松脱。

（3）解决办法：进入综合设备房查看 LC 服务器是否有电，根据电路图逐级向上查，有

电,则立即查看 LC 工作站插排是否连接松动,无电,则进入综合配电室查 AFC 配电箱空开是否跳闸,若跳闸则将空开进行闭合,未跳闸则进入综合配电室查看 UPS 空开 AFC 专业输出端是否跳闸,若跳闸则将空开进行闭合,未跳闸则初步判断为 UPS 对 AFC 专业空开输入端线路问题,立即电话通知接口专业安排专业维修人员抢修。

三、全线 SC SVR 故障

(1)故障现象:LC 工作站设备监视界面显示 SC SVR 时钟故障,报"时钟同步失败"。
(2)可能原因:LC 服务器时钟异常。
(3)解决办法:重启 LC 服务器时钟服务。

四、LC 工作站无法登录

(1)故障现象:LC 工作站无法登陆,提示字符串错误。
(2)可能原因:数据库连接字符串出现问题。
(3)解决办法:修改 LC 工作站的配置文件。

五、LC 服务器故障

(1)故障现象:LC 服务器上"¡"指示灯呈琥珀色。
(2)可能原因:服务器软件或硬件故障。
(3)解决办法:检查服务器的故障代码,判断故障类别,报厂商维修。

第二节　车站计算机设备常见故障处理

一、SC 工作站"网络故障"

(1)故障现象:SC 工作站"网络故障"。
(2)可能原因:网络故障或系统服务器软件异常。
(3)解决方法如下所述。
①检查 SC 工作站和服务器之间的网络连接是否正常。
②检查 SC 工作站与三层交换机的连接是否正常。

③检查系统服务器软件是否正常运行。

二、SC 工作站显示器无显示

（1）故障现象：车站 SC 工作站显示器没有显示。
（2）可能原因：显示器未开机、电源线缆异常或显示器损坏。
（3）解决方法如下所述。
①检查 SC 工作站显示器是否开机。
②检查 SC 工作站显示器电源线缆是否正常。
③检查 SC 工作站显示器是否损坏，更换损坏的显示器。

第三节　供电系统设备常见故障处理

供电系统故障处理（单台设备无供电输入）。
（1）故障现象：单台设备无供电不能启动。
（2）原因：空开跳闸导致。
（3）解决办法如下所述。
①查找空开跳闸原因，用数字万用表测量供电输入电路，测试有无短路现象。
②查看线缆有无金属裸露现象，如有使用绝缘胶带封闭黏合。
③查看跳闸空开有无烧坏现象，用数字万用表测量供电线路。
④闭合空开，启动设备。

第四节　紧急系统常见故障处理

一、紧急系统启动后，闸机扇门不释放

（1）故障现象：紧急系统启动后，闸机扇门不释放。
（2）原因：可能是闸机紧急线路连接线虚接或脱落导致的。
（3）解决办法如下所述。
①找寻紧急线路第一台闸机连接线路。

②查看 PCM 板上面的紧急线路连接线缆,检查有无端子脱落现象。
③检查紧急线路有无正负极接反现象。
④重新接插 PCM 板紧急线路连线。

二、紧急系统启动后,一组闸机扇门不释放

(1)故障现象:紧急系统启动后,其中一组闸机扇门不释放。
(2)原因:可能是闸机紧急线路连接线虚接或脱落导致的。
(3)解决办法如下所述。
①找寻本组闸机紧急线路第一台闸机连接线路。
②检查 PCM 板紧急线路连接情况。
③检查主连接板紧急线路连接情况。
④检查本台闸机紧急线路供电情况。

第五节　车站终端设备常见故障处理

一、TVM

(一)启动后显示"只收纸币"

(1)故障现象:TVM 启动后显示"只收纸币"。
(2)原因:硬币处理模块有卡币、硬币箱没有正确安装或者硬币箱硬币数量不足。
(3)解决办法如下所述。
①启动设备后机器工控机会对硬币模块进行自检,如果测试失败会进入"只收纸币"状态,这种问题一般是有硬币识别模块被硬币或其他异物堵塞所导致,请检查硬币识别模块并重新对硬币模块进行自检。
②正确安装硬币箱或者进行补币操作。

(二)屏幕显示"网络连接失败"

(1)故障现象:TVM 屏幕显示"网络连接失败"。
(2)原因:是由于网络出现故障造成的。
(3)解决办法如下所述。

①请检查 TVM 和二层交换机之间的网络连接是否正常。
②检查二层交换机和三层交换机之间的网络连接是否正常。
③请检查本机网络配置是否设置正确。

(三) 屏幕显示"只收硬币"

(1) 故障现象：TVM 屏幕显示"只收硬币"。

(2) 原因：纸币识别模块卡币或者纸币钱箱没有正确安装。

(3) 解决办法如下所述。

①纸币识别模块被纸币或其他异物堵塞所导致，请检查纸币识别模块并重新自检纸币模块。

②正确安装纸币回收钱箱。

(四) 屏幕显示"无找零"

(1) 故障现象：TVM 屏幕显示"无找零"。

(2) 原因：硬币识别模块内找零箱被硬币卡死或者硬币找零钱箱内无找零硬币。

(3) 解决办法如下所述。

①卸下硬币找零箱，清理内部硬币。

②拆除箱子外壳，取出被卡的硬币，用手拨动内部转盘直至可以正常旋转，安装箱子外壳，并加入找零硬币。

③找客运人员加入硬币。

(五) 启动后显示"暂停服务"，不能进入工作状态

(1) 故障现象：TVM 启动后显示"暂停服务"，不能进入工作状态。

(2) 原因：由于设备内部某个模块未到位，或者维修门开关故障。

(3) 解决办法如下所述。

①打开维修门，检查各模块到位情况和模块状态，检查是否有模块故障并修复，然后将其推至到位。

②检查维修门到位开关，如有线缆脱落或虚接现象，修复维修门到位开关线缆。

(六) 启动后乘客操作显示器没有显示

(1) 故障现象：TVM 启动后乘客显示器没有显示。

(2) 原因：TVM 内部工控机与显示器数据连线松动或显示器损坏。

(3) 解决办法如下所述。

①检查显示器电源开关是否打开或有无电源输入。

②检查工控机与显示器数据连接线有无脱落或松动现象。

③以上均无,则更换乘客操作显示器。

(七)TVM 整机模块无初始化动作

(1)故障现象:TVM 整机模块无初始化动作。
(2)所需工器具:键盘。
(3)解决办法如下所述。
①详细向客值了解出现此情况的时间,出现前有无发生其他故障等信息。
②检查直流电源工作状态,检查各模块保险丝状态,检查工控机 COM 口有无松动。
③进入 D 盘将 D:/tvmdata 文件夹备份出来,重启 v7loader 程序,查看维护面板是否完成初始化系统。

(八)TVM 业务软件启动项丢失

(1)故障现象:TVM 开机后无法启动业务软件,设备停留在 WINDOWS 桌面。
(2)所需工器具:键盘。
(3)解决办法如下所述。
①业务软件开机启动项丢失,直接断电重启,检查是否修复。
②点击开始,双击"启动"文件夹查看启动文件夹的路径(一般为 C:\Documents and Settings\Administrator\「开始」菜单\程序\启动),返回到 C:\Documents and Settings\ 目录下,将 Administrator-TVM 名\「开始」菜单\程序\启动目录下的所有快捷方式复制到启动文件夹存放路径下,重新启动 TVM。
③在确认无装机或无数据交易的前提下(或者提前备份存放数据的 D/E 盘 -TVM_DATA 文件),将 c:\psv7\bin\ 下的 setup 目录拷贝到 c:\psv7 目录下。将 c:\psv7\bin\gk\ 目录下的 outils.dll 和 winfile.dll 文件拷贝到 c:\psv7\bin 目录下,执行 c:\psv7\setup 目录下新拷贝的 tvm_reg.bat 文件(更新注册表)。然后执行 tvm_init.bat 文件(初始化软件环境),执行完成后,在开机启动项下会有 v7loader,clean 和 chkdsk 三个启动项。启动 v7loader 就可以启动 TVM 业务软件,检查无故障后可回复使用,告知客运人员重新安装票箱和钱箱,将新拷贝的 c:\psv7 下的 setup 手动删除,回复故障解决,可以使用。

(九)TVM 业务软件死机

(1)故障现象:用户不能登录后维护且后维护屏不能进行任何操作,乘客显示屏卡死在售票\找零界面。
(2)所需工器具:键盘。
(3)解决办法:插好键盘,按下组合键 Ctrl+Alt+Del 终止图形化界面,进入任务管理器(查看是否有未响应的进程)关掉程序进程;联系数据中心人员提取设备日志并现场备份 D 盘 TVM_DATA 交易文件(将 D 盘和 E 盘里的 tvm_data 目录重命名),重启下 TVM 业务软件,将之前重命名目录下的 data,data_count,message 三个目录拷贝到业务软件重启后自动生成的 tvm_data 目录下,覆盖即可。

二、AGM

(一)启动 AGM 后亮起报警灯

(1)故障现象:启动 AGM 后亮起报警灯。
(2)原因:有传感器被遮挡。
(3)解决办法:设备自检时会对传感器进行测试,如果测试失败会亮起报警灯,该问题一般是传感器的透窗被灰尘或异物遮挡所导致,请清洁通道传感器并重新启动设备。

(二)屏幕显示"网络连接失败"

(1)故障现象:AGM 屏幕显示"网络连接失败"。
(2)原因:网络出现故障。
(3)解决办法如下所述。
①请检查检票机和二层交换机之间的网络连接是否正常。
②请检查二层交换机和三层交换机之间的网络连接是否正常。
③请检查本机网络配置是否设置正确。

(三)启动后显示"暂停服务"

(1)故障现象:AGM 启动后显示"暂停服务",不能进入工作状态。
(2)原因:可能是由于内部通道传感器被遮挡或票箱未安装到位、维修门没有关好等。
(3)解决办法如下所述。
①检查设备内部票卡回收通道的各个传感器并清洁。
②检查设备内部票箱有无安装到位。
③检查维修门到位开关是否有线缆脱落并修复。

(四)乘客显示屏黑屏

(1)故障现象:AGM 启动后乘客显示器没有显示。
(2)原因:AGM 内部显示器无供电输入或显示屏坏。
(3)解决办法如下所述。
①检查显示屏 12V 电源线是否正常,如无电源输入,则检查电源模块保险丝是否烧毁。
②检查显示屏与工控机的信号连接线是否松动。
③以上检查都没有问题,则更换乘客显示器。

（五）扇门无法正常关闭或打开

（1）故障现象：AGM启动后扇门动作不正常。

（2）原因：AGM扇门关闭或打开无动作。

（3）解决办法如下所述。

①查看PCM板供电是否正常，用数字万用表检查电机连接线是否损坏。

②电机连接线完好，检查扇门的驱动电机是否运转，摆臂是否摆动，电机无动作则检查电机是否正常，电机正常则PCM板损坏，更换PCM板。

③电机运转正常，摆臂摆动，电磁铁可正常工作，扇门无法关闭则PCM板电磁吸铁控制损坏，更换PCM板。

（六）AGM不能正常识别单程票和一卡通

（1）故障现象：AGM刷卡无反应。

（2）原因：读写器不能通信。

（3）解决办法如下所述。

①先检查读写器电源保险丝，保险丝完好则检查电源线，电源线完好则检查读写器的电源，最终使读写器正常供电。

②检查通信线连接是否有松动，使通信线连接牢固。

③检查以上电源和通信线都没有问题，检查工控机通信端口是否有问题，有问题则更换主控单元。

④没有以上问题则读写器损坏，直接更换读写器。

（七）AGM进出站无法通行

（1）故障现象：AGM进出站刷卡扇门无动作，无法正常通行。

（2）所需工具：数字万用表、十字螺丝刀、一字螺丝刀、员工通勤卡和单程票车票、保险、读卡器、PCM板。

（3）解决办法如下所述。

①确认闸机运行状态设置是否正确，是否设置为单向通行或暂停服务，与通行方向不一致。

②判断是否为车票问题。使用员工票和过期单程票测试，观察扇门是否可正常打开及屏幕左上角的故障信息是否显示"当前卡状态不允许出站或车票不在有效期内"等错误信息，如正常票卡可顺利通过闸门则表示为车票原因导致，须通过客服中心对车票进行分析。

③判断是否为读写器故障。

a. 打开维修顶盖，选择读写器进入"4F"测试模式，将单程票靠近天线板，测试是否感应识别，如正常，读写器会发出嘀嘀响证明读卡正常；否则，检查SAM卡、更换天线板及连线。

b. 打开维修门登录,进入维护管理→硬件测试→读卡器测试。进行进出站 TPU(读写器)读取测试,查看返回状态是否正常,如不正常,检查 SAM 卡安装情况(可更换卡槽)、天线板及读写器连线是否松动,确认线缆连接良好,如有故障,则进行更换。测试扇门工作状态。

c. 打开维护门登录,进入维护管理→硬件测试→通行部测试→扇门测试+传感器测试+开关测试。检测通行传感器有无遮挡或损坏,通过扇门动作命令检测扇门是否可正常工作(如扇门不能动作,需要查看扇门本身状况),查看扇门连线是否松动,查看 PCM 板指示灯是否正常,测量环形变压器供电是否正常,查看保险有无烧坏;更换 PCM 控制板,查看是否为控制板本身问题;检查工控机。

d. 查看工控机和 PCM 板之间的串口线是否松动,若松动则紧固串口线。

e. 检查工控机与 PCM 授权信号线的连接是否正常。

f. 更换工控机,测试是否为工控机本身问题导致。

(八)闸机 TPU 长度数据反馈错误

(1)故障现象:AGM 显示屏显示 TPU 长度数据反馈错误。

(2)所需工具:键盘。

(3)解决办法如下所述。

①磁盘 log 日志冗余过多,执行清理脚本后可修复。

②接入键盘,按下组合键 Alt+Ctrl+(F1～F7)切换到终端界面窗口,输入账号和密码,登陆后输入命令:cd/ 进入根目录,输入命令:initlog.sh 执行日志清理脚本,即可修复。

(九)AGM 系统无法启动

(1)故障现象:AGM 无法正常启动,自检时卡死在自检界面。

(2)所需工具:小键盘备件、工控机备件、十字螺丝刀、一字螺丝刀、键盘。

(3)解决办法如下所述。

① Initializing USB Controllers 为正在初始化 USB 控制器,检查工控机 USB 端口连接线是否松动,清理下端口灰尘,重新插接 USB 接口(小键盘)。

②更换新的小键盘,检查是否为小键盘本身损坏导致 USB 控制器供电不正常而引起了无法初始化的问题。

③断电,打开工控机并拔出主板电池,给主板放电后重新安装并重启系统,检查是否为主板静电导致。

④以上均无问题则更换工控机,检查是否为主板损坏而导致了控制器故障 [更换主板或重刷基本输入输出系统(Basic Input Output System,简称 BIOS)]。

三、BOM

（一）BOM无法充值

（1）故障现象：BOM机无法充值。
（2）原因：读写器线缆连接线损坏或读写器故障。
（3）解决办法如下所述。
①检查读写器连接线缆，若有损坏则更换线缆。
②进入读写器测试模式测试读写天线，若有损坏则更换天线。
③没有以上问题则读写器损坏，直接更换读写器。

（二）屏幕显示"网络连接失败"

（1）故障现象：BOM机屏幕显示"网络连接失败"。
（2）原因：网络出现故障。
（3）解决办法如下所述。
①请检查BOM和二层交换机之间的网络连接是否正常。
②请检查二层交换机和三层交换机之间的网络连接是否正常。
③请检查本机网络配置是否设置正确。

（三）乘客显示器没有显示

（1）故障现象：BOM机乘客显示器没有显示。
（2）原因：可能是由于乘客显示器无供电输入或者显示器损坏。
（3）解决办法如下所述。
①请检查乘客显示器有无电源输入，查看电源模块有无电源输出。
②检查乘客显示器信号线有无连接松动。
③以上检测都没问题，则须更换乘客显示器。

（四）不能打印凭条

（1）故障现象：BOM机不能打印凭条。
（2）原因：可能是由于打印机无电源输入或通信连接线松动、打印机内部卡纸等。
（3）解决办法如下所述。
①检查BOM电源模块打印机电源，直到状态指示灯正常。
②电源状态正常，则检查通信线，排查通信线的问题。
③检查打印机内部有无卡纸现象，若有则取出卡纸。

(五) 充值时显示 IO 串口错误

(1) 故障现象：充值时显示 IO 串口错误。
(2) 所需工器具：键鼠、十字螺丝刀、一字螺丝刀、一卡通票卡。
(3) 解决办法如下所述。
① 查看读卡器与工控机串口连接线是否有松动或脱落情况，紧固后测试。
② 检查读卡器与天线板之间的连线；检查 SAM 卡安装状况（重新更换卡槽）。
③ WIN+R 键输入 cmd 进入命令行，输入 ping 10.9.1.40 服务器地址（ping 10.240.5.2，一卡通加密机地址），测试网络是否通信正常，否则重新启动业务软件或断电重启。

四、PCA

(一) 无法正常开机

(1) 故障现象：按开机键无反应。
(2) 原因：可能是电池没电或电池接触不良损坏导致的。
(3) 解决办法如下所述。
① 检查 PCA 电池接触点有无脱焊现象。
② 检查 PCA 电池，更换另一块好的电池进行试验。

(二) 无法正常更新进出站

(1) 故障现象：不能更新票卡。
(2) 原因：可能是没有在 SC 工作站注册导致的。
(3) 解决办法如下所述。
① 打开 PCA 设备进入主程序。
② 使用 PCA 专用数据线连接 SC 工作站主机上对应的 USB 端口。
③ 点击 PCA 设备上的连接工作站进入等待接受数据状态。
④ 打开 SC 工作站，用有权限的操作员登录进入 PCA 管理界面进行注册。

(三) PCA 开机不能自启应用程序

(1) 故障现象：不能自启应用程序。
(2) 解决办法如下所述。
① 打开 PCA 设备进入主程序 PCA 后，在桌面上找到"我的设备"图标并打开。
② 在"我的设备"目录下找到"Windows"文件夹并打开。
③ 在"Windows"目录下找到"SetStartApp.exe"文件并启动运行该程序。

④点击"设置"菜单,会有三个选项,选"选择开机自动运行程序",会弹出一个选择文件的窗口。

⑤定位到 PCA 程序,然后点击 OK。

⑥提示设置成功,点击 OK 关闭即可,设置完成后,重启 PCA,PCA 程序即可自启动。

第六章　自动售检票系统实验

> **岗位应知应会**
>
> 1. 掌握 BAN572 纸币模块测试平台和读写器平台的搭建方法。
> 2. 掌握扇门 IAP 固件和 TPU 程序的下载操作方法。
> 3. 了解 Linux 平台 TSM 服务器的搭建过程。
>
> **重难点**
>
> 重点：BAN572 纸币模块测试平台和读写器测试平台的搭建方法。
> 难点：Linux 系统操作命令。

第一节　BAN572 纸币模块测试平台搭建

（一）材料准备（图 6-1）

NEUTRIK NC4FX 电源插头 1 个，电源线（线径 2mm^2、线长 2m）2 根。串口线 RS 232（DB9&DB25）（线长 2m）1 根。直流电源模块（输出电压 DC24V，最大电流 2.5A）1 个。台式机电脑（带 RS 232 接口）1 台，BAN572 纸币处理模块及钱箱各 1 个，BAN572 专用测试纸 1 张，SODECO Support Tools 测试软件 1 套。

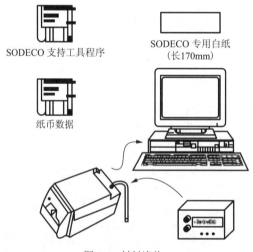

图 6-1　材料清单

(二)设备连接(图6-2～图6-4)

1. 电源连接

电源线连接说明:

(1)将2根线径2mm^{2}的电源线按图6-4插头脚位定义与DC24V的电源模块正负极连接起来。

(2)将接地线(编织带)与工作台接地连接。

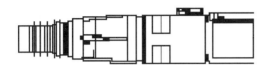

图6-2　NEUTRIK NC4FX 电源插头

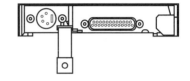

图6-3　BNA572 纸币处理模块接口图

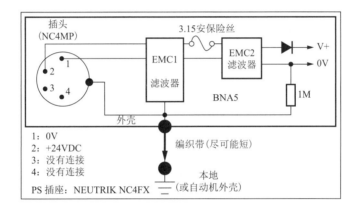

图6-4　BAN572 纸币处理模块电源线连接原理图

2. 串口连接(图6-5、图6-6)

图6-5　RS-232-C 连接示意图

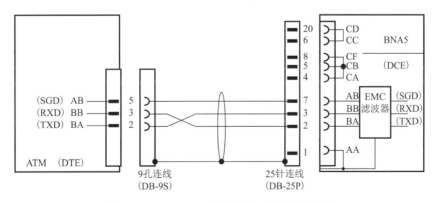

图6-6　EIA RS-232-C 标准的接口电缆连接脚位图

(三)测试软件安装

(1)在电脑中安装 SODECO Support Tools 测试软件,完成后打开,如图 6-7 所示。

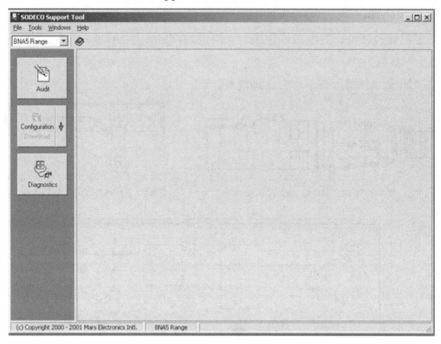

图 6-7　安装测试软件

(2)打开 Options 选项设置 COM 串口号、波特率为 4800,如图 6-8 所示。

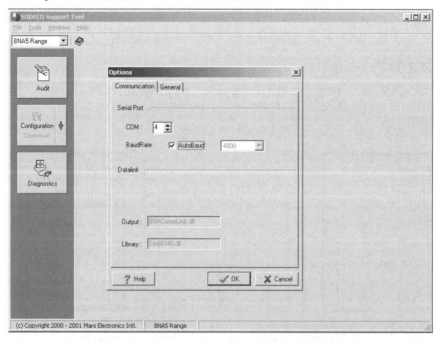

图 6-8　打开 Options 选项设置 COM 串口号、波特率

(3)设置完成后开始使用,如图 6-9 所示。

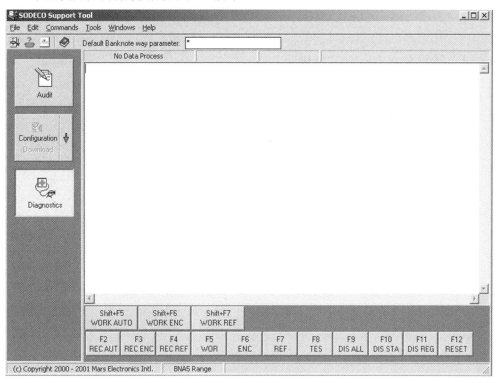

图 6-9　设置完成后开始使用

(四)测试软件使用

(1)Shift+F5:完成自动接收处理纸币的整个过程。

(2)Shift+F6:自动识别纸币进入钱箱。

(3)Shift+F7:自动识别纸币后退出纸币器。

(4)F2:自动退出或收入纸币器内纸币。

(5)F3:收入纸币器内所有纸币。

(6)F4:退出纸币器内所有纸币。

(7)F5:授权纸币器处理纸币。

(8)F6:收入暂存区纸币。

(9)F7:退出暂存区纸币。

(10)F8:对(静态)纸币器进行常规测试,显示错误编码表和警告信息表。

(11)F9:显示全部纸币识别、状态、测试、故障记录、计数器等信息。

(12)F10:显示纸币器当前状态。

(13)F11:显示光学测量部件的规定设置值和电动机的规定设置值。

第二节 扇门IAP及固件下载

(一)下载后缀为.hex的文件说明

(1)安装固件下载工具 Flash_Loader_Demonstrator_v2.6.0_Setup。

(2)安装成功后,点击 Flash Loader Demo,打开串口下载工具。

(3)先按电路板上 RST 按钮,再按下 ISP 按钮,再松开 RST 按钮,最后松开 ISP 按钮,让 MCU 进入 ISP 模式并确认设备可写入(图6-10、图6-11)。

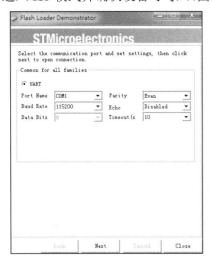

图6-10　MCU进入ISP模式　　　　图6-11　确认设备可写入

(4)选择正确的串口号,点击 Next 按钮(图6-12)。

(5)确认下载,直接点击 Next 按钮(图6-13)。

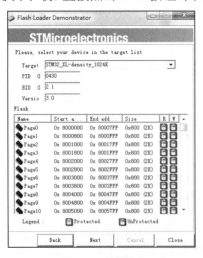
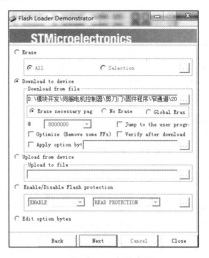

图6-12　选择设备　　　　图6-13　确认下载

（6）找到要下载的 IAP 或者固件后（后缀为 .hex 的文件），点击 Next 按钮开始下载。下载完成后，按电路板复位按钮（图 6-14）。

图 6-14　下载完成

（二）下载后缀为 .bin 的文件说明

（1）给 CRU 电路板上电，接好串口线，打开 IapDown.exe（图 6-15）。

图 6-15　设置下载参数

（2）选择正确的串口号，点击 Download 按钮，找到 servo.bin 文件，然后下载即可。

第三节　TPU 程序下载

（一）更新 Reader 步骤

（1）连接好读写器与 PC 的通信线。

（2）打开 demo 文件夹中"ComTest1_4"或"ComTest5_8"后选择"源串口"并点击"打开"按键，然后关闭"ComTest1_4"或"ComTest5_8"。

（3）打开"ZZReaderTest"后选择"串口号"并点击"打开串口"按键。

（4）点击"初始化"按键两次。

（5）在"下载应用程序"栏中选择"参数文件"路径，此路径为"更新程序"文件夹中"Reader"的路径，然后点击"下载应用程序"按键，由于 demo 解析文件的原因，这时下载时间会比较长，请耐心等待，直到"ZZReaderTest"软件从忙状态中恢复正常。

（6）点击"更新应用程序"按键，然后等待读写器重新启动，直到读写器 L2 灯闪烁。

（二）更新 rc500m.ko 步骤

（1）在"下载 TPU 参数"中"参数文件代码"处填"20"并选择"参数文件"路径为"rc500m.ko"。

（2）点击'下载参数'按键。如果提示下载失败，则重新点击'下载参数'。

（三）更新 libReaderAPI.so 步骤

（1）在"下载 TPU 参数"中"参数文件代码"处填"18"并选择"参数文件"路径为"libReaderAPI.so"。

（2）点击"下载参数"按键。如果中途提示下载失败，则重新点击"下载参数"。

（3）等待参数下载完成后断电，然后等待读写器重新启动，直到读写器 L2 灯闪烁为止，程序更新完成。

第四节　读写器测试平台搭建

（一）材料准备

（1）12mm 4PIN 航空电源插头、母头 1 个。

（2）电源线 2 根，线径大于 $0.3mm^2$、线长 2m。

(3) 串口线 RS 232（DB9 公口 &DB9 母口）1 根，线长为 2m。

(4) 直流电源模块 1 个，输出电压为 DC12V，最大电流为 1.5A。

(5) 台式机电脑（带 RS 232 接口）1 台。

(6) 读写器模块（图 6-16）、外置天线模块（图 6-17）及铜铀线各 1 个。

(7) 测试用 SAM 卡、单程票、储值票、计次票等各类票种各 1 张。

(8) SODECO Support Tools 测试软件 1 套。

图 6-16 读写模块

图 6-17 设置下载参数

（二）设备连接

1. 读写器接口概述（图 6-18）

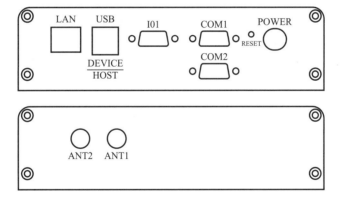

图 6-18 读写器接口示意

电气接口定义如表 6-1 所示。

电气接口定义表　　　　　　表 6-1

接　口	定　义
POWER	电源输入接口
COM1	主通信接口：RS 232 接口，DB9 母头
COM2	有源天线信号接口，2.4G 串口信号，DB9 母头
IO1	扩展接口，DB15 母头接口

续上表

接 口	定 义
USB	USB 接口 Device 和 Host,其中 Device 为从 USB 接口,Host 为主 USB 接口
AN1	无源天线接口 1
AN2	无源天线接口 2,预留

2. 读写器电源接口(图 6-19)

3. 读写器通信接口(图 6-20)

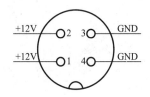 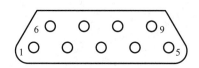

图 6-19　4PIN 航空电源插头脚位示意　　　图 6-20　RS232 DB9 母座示意

脚位定义如表 6-2 所示。

脚 位 定 义 表　　　　　　　　　　　　　　表 6-2

脚　　位	定　　义
1	GND
2	TX 发送到 PC
3	RX 接收于 PC
4	堵孔
5	GND
6	DTXD,DGBU 的发送
7	DRXD,DGBU 的接收
8	TX1,发送,预留
9	RX1,接收,预留

说明:在实际应用中,只需要将 RS 232 DB9 的 2、3、5 脚连接到 PC 端。

4. 接口连接(图 6-21)

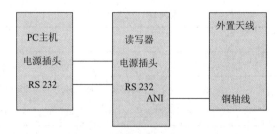

图 6-21　设备接口示意

(三)测试软件安装

(1)将读写器测试软件拷贝到电脑指定位置,完成后直接打开启动文件,显示界面如图 6-22 所示。

图 6-22 读写器测试软件界面

(2)选择"串口号"选项设置 COM 串口号为 COM4、选择波特率为 115200,完成设置后开始测试,界面如图 6-23 所示。

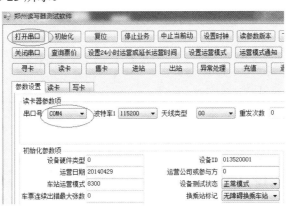

图 6-23 读写器测试软件设置界面

(四)测试软件使用

读写器测试平台搭建好后,主要根据表 6-3 中的读写器基本功能测试用例测试读写器的基本功能。

读写器基本功能测试用例　　　　　　　　　表 6-3

序号	项目	测试内容	预期结果
1	单程票	（1）使用各种状态的 98A 单程票在 AGM 上进出闸（单程票状态：正常当前站已售、正常已入站、已回收、入站超时、超乘、非当前站已售、过期票、非本密钥票等）。 （2）查看上传交易信息	（1）正常状态单程票刷卡成功，闸门打开，可以过闸，其他状态单程票报无效票，非本密钥票刷卡无反应。 （2）刷卡成功的产生交易，不成功的无交易
2	储值票	（1）使用各种状态的普通储值票在 AGM 上进出闸（储值票状态：正常已售、正常已入站、已回收、入站超时、过期票、非本密钥票、余额不足、黑名单、余额超出最大限额、未售等）。 （2）查看上传交易信息	（1）正常状态票卡刷卡成功，闸门打开，可以过闸，其他状态票卡报无效票或余额不足等，非本密钥票刷卡无反应。 （2）刷卡成功的产生交易，不成功的无交易
3	学生票	（1）使用各种状态的学生票在 AGM 上进出闸（学生票状态：正常已售、正常已入站、已回收、入站超时、过期票、非本密钥票、余额不足、黑名单、余额超出最大限额、未售等）。 （2）查看上传交易信息	（1）正常状态票卡刷卡成功，闸门打开，可以过闸，其他状态票卡报无效票或余额不足等，非本密钥票刷卡无反应。 （2）刷卡成功的产生交易，不成功的无交易
4	免费票	（1）使用各种状态的免费票在 AGM 上进出闸（免费票状态：正常已售、正常已入站、已回收、入站超时、过期票、非本密钥票、余额不足、黑名单、余额超出最大限额、未售等）。 （2）查看上传交易信息	（1）正常状态票卡刷卡成功，闸门打开，可以过闸，其他状态票卡报无效票或余额不足等，非本密钥票刷卡无反应。 （2）刷卡成功的产生交易，不成功的无交易
5	次票	（1）使用各种状态的次票在 AGM 上进出闸（次票状态：正常已售、正常已入站、已回收、入站超时、过期票、非本密钥票、余额不足、黑名单、余额超出最大限额、未售等）。 （2）查看上传交易信息	（1）正常状态票卡刷卡成功，闸门打开，可以过闸，其他状态票卡报无效票或余额不足等，非本密钥票刷卡无反应。 （2）刷卡成功的产生交易，不成功的无交易
6	周票	（1）使用各种状态的周票在 AGM 上进出闸（周票状态：正常已售、正常已入站、已回收、入站超时、过期票、非本密钥票、余额不足、黑名单、余额超出最大限额、未售等）。 （2）查看上传交易信息	（1）正常状态票卡刷卡成功，闸门打开，可以过闸，其他状态票卡报无效票或余额不足等，非本密钥票刷卡无反应。 （2）刷卡成功的产生交易，不成功的无交易

第五节　Linux 平台 TSM 服务器搭建

（一）概述

搭建 Linux 平台 TSM 服务器，其目的是为了取代原 Windows 平台，解除由于 Windows 和 Linux 对硬件设备的访问机制不一样而可能造成的稳定性方面的问题。

（二）搭建 Linux 平台 TSM 服务器影响

此项工作在新的服务器上进行，同原生产备份服务器无关，正常情况下对原生产备份系统无影响，对生产系统中当前的应用运行无影响。由于已运行的生产服务器上已经安装了 TSM 客户端，不再需要重新安装。

涉及当前生产环境的操作说明如下所述。

（1）将新备份服务器的主机名 IP 地址解析加入客户端服务器的 hosts 文件。

（2）备份 TSM 客户端配置文件，须备份的文件名称为 dsm.syscp dsm.sysdsm.sys.bak。

（3）修改 TSM 客户端配置文件中的 TSM 服务器 IP 地址，调整为新的 TSM 服务器地址，配置文件名称为 dsm.sys。

（4）将新的备份服务器连接到生产网路，确保客户端和新备份服务器网络通畅。

（5）划分存储空间给 TSM 服务器。

（6）运行备份作业，通过 Linux 服务器备份数据。

（7）另外，生产环境中的两台服务器在整个过程中不需要重启，由于只是修改 TSM 客户端配置文件，对生产上的应用数据没有影响。

（三）实施步骤

为降低风险确保实施效果分两个阶段实施，第一阶段将在当前的环境下，再建立一套备份系统，服务器将使用 Linux 平台，使用当前生产环境中的服务器 LCO2 作为备份客户端，将需要备份的数据通过 LINUX TSM 服务器备份至本地存储设备中，新的 LINUX 平台备份服务器与原来的 Windows 备份服务器在观察期内同时运行。第二阶段观察 Linux 平台运行稳定后，将连接原生产带库，保留 Windows 备份服务器备用。

1. 第一阶段实施操作步骤

（1）准备硬件环境、网络环境

LINUX 服务器要求：内存 32G，本地硬盘空间至少 500G 或更大。

（2）安装 Liunx 操作系统

①安装 Redhat 6.5 64 位操作系统。

②安装 HBA 卡及驱动（测试兼容性，不启用，暂使用 LAN）。

③划分存储映射给 Linux 服务器。

④实施安装 LINUX TSM 服务器。

⑤备份 LC02 主机 hosts 文件（命令：cp /etc/hosts /etc/hosts.bak.0915）。

⑥修改 LC02 主机 hosts 文件，添加 Linux 服务器主机名解析。

⑦备份 LC02 TSM 客户端配置文件（命令：cp dsm.sys dsm.sys.bak.0915）。

⑧修改 LC02 TSM 客户端 dsm.sys 配置文件，将 TSM 服务器地址修改为 Linux 服务器地址。

⑨在 LC02 服务器上运行备份作业。

⑩备份作业会占用小部分带宽,都是在夜间进行,且 LC02 上没有运行数据库,因此对生产的影响非常小。

⑪新备份服务器运行,待 Linux 服务器备份稳定后,生产环境数据将通过新服务器进行备份。

⑫监控备份作业,跟踪两周,每日反馈备份情况。

2. 第二阶段实施操作步骤

(1)连接原生产带库至 Linux 服务器,由于对历史备份数据的保留要求,对于原来带库中的备份数据,不再恢复到本地保存,直接将所有使用的磁带取出进行归档。新 TSM 服务器连接带库后,将使用新的磁带进行数据备份。

(2)备份 LC01 TSM 客户端配置文件(命令:cp dsm.sys dsm.sys.bak.0915)。

(3)修改 LC01 TSM 客户端的 dsm.sys 配置文件,将 TSM 服务器地址修改为 Linux 服务器地址,使用新的 TSM 服务器。

(4)LC01 运行备份作业。

(5)监控备份作业。

(四)历史数据处理

根据客户自身需要,对于原带库中的数据,可以将需要的部分恢复到本地,之后再备份到新的 TSM 服务器连接的带库或者存储设备中。

对于需要保留的数据,恢复操作步骤如下所述。

(1)通过 TSM 恢复保留在带库中的备份数据。恢复命令为:dsmc restore/var/ /data/bak/-subdir=yes-fromdate=09/10/2015-fromtime=00:00:00-todate=09/12/2015-totime=23:59:59。

(2)将 /data/bak 目录中的内容保存或下载到本地进行保存。根据需要保留的备份数据量准备需要的存储空间。

(3)搭建新的 TSM 服务器。

(4)将备份数据通过新的 TSM 服务器备份到连接的存储设备中。备份命令为:dsmc backup/data/bak/-subdir=yes。

(5)在整个搭建过程中,不会修改任何原始备份数据。

根据客户目前的数据保留要求,对于原来带库中的历史备份数据,不再恢复到本地保存,直接将所有使用的磁带取出进行归档。Linux TSM 服务器连接带库后,将使用新的磁带来存储备份数据。

(五)结果验证

施工完成后,先在测试机上对文件进行备份,查看备份状态及结果,部署完后续一个月每天对系统的备份情况进行跟踪检查,待运行稳定后再将生产数据备份到新的备份服务器。

验证步骤如下所述。

(1) 每天定期备份数据。备份命令为:dsmc backup /backup/-subdir=yes。

(2) 查看上述备份步骤的输出结果,提示 successful 为备份正常。如果观察期内备份出现 failed 或其他不稳定情况,再根据具体情况进行排查支持。

(六) 回退机制

由于是采用新的服务器搭建 Linux 平台 TSM 服务器,因此不会对原生产系统运行造成影响。如果出现异常情况,可进行回退,继续使用原有的 Windows 备份服务器,不再使用 Linux 服务器,生产备份仍旧使用 Windows TSM 服务器进行。

回退操作步骤如下所述。

(1) 将 Linux 备份服务器从生产网络断开。

(2) 根据需要,取消映射给 Linux 服务器的存储空间。

(3) 将客户端机器 LC02 hosts 文件中新添加的 Linux TSM 服务器主机名解析删除。

(4) 将客户端配置文件中 TSM 服务器的 IP 地址恢复为原来的 TSM 服务器地址(可以将施工之前备份的文件恢复即可),恢复命令为:

cp dsm.sys.bak dsm.sys

(5) 原 Windows TSM 服务器未作改动,继续备份数据,保持原备份环境。

(七) 风险和应急处理

搭建过程涉及生产环境的有两处,一是将新的服务器连接到生产网络,保证 TSM 客户端能和新备份服务器通信,二是给新服务器划分临时存储空间。临时存储空间可以是本地硬盘,也可以是从盘阵中划分的 LUN。

关于新旧 TSM 服务器切换期间的数据保障问题为:新 Linux 服务器与原 Windows 服务器并行运行,新服务器运行期间,原 Windows 服务器仍照常备份数据,等到新 Linux 服务器稳定后才切换,因此,新旧服务器切换时,只需要停止原 Windows 服务器的备份作业即可,切换期间,数据已经通过 Windows 备份了,是安全的。正常情况下不会出现大的风险,当出现异常情况时,可立即启用回退机制,回退步骤见上。

(八) 其他相关说明

其他需要注意的说明如下所述。

(1) 新 Linux 服务器和原 Windows 服务器将同时运行一段时间,并行运行期间,生产数据仍旧通过原 Windows 服务器备份。

(2) 新 Linux 服务器将使用 LC02 作为客户端。

(3) 原带库中包含历史备份数据的磁带将取出离线保存。

(4) 划分 IP 地址,配置网络,保证两台生产客户端和 TSM 服务器通信正常。

（5）安装介质中包含 license 文件。

（6）Linux 平台使用 HBA 卡及光纤,测试完成后收回。

（7）搭建成功后跟踪一个月,如出现备份失败的问题则须排查原因并反馈厂家做相应处理。

第七章　自动售检票设备典型故障案例

> **岗位应知应会**
>
> 1. 掌握线路中心服务器、SC SVR、终端设备典型故障处理方法。
> 2. 学会 AFC 系统设备故障分析的方法及思路。
>
> **重难点**
>
> 重点：掌握故障分析方法及思路。
> 难点：线路服务器 RMAN（一种用于备份、还原和恢复数据库的 Oracle 工具）空间满分析。

第一节　线路中心系统典型故障案例

（一）RMAN 空间满

（1）故障现象：线路服务器 RMAN 空间满。

（2）原因：清理脚本语句，即 "/usr/bin/find/oracle/radata/afccc_rman/-name '*.*'-mtime +10 | xargs -n 100 rm -rf" 错误，自清理脚本中清理语句查找内容和实际文件名不符，导致清理语句自动执行后无效果，从而造成 RMAN 空间满。

（3）解决办法如下所述。

①手动执行清理脚本 /usr/bin/find/oracle/radata/afccc_rman/-name '*_*-mtime +10 | xargs -n 100 rm -rf，并使其清理语句中查找内容和实际文件名相符，则恢复正常。

②修改 clear_rman.sh 文件为有效文件，在文件中将清理语句修改为上述执行脚本内容。

（二）RAID 硬盘故障

（1）故障现象：对线路中心服务器进行日检时报错，报错代码为 array configuration changed（RAID 配置改变），如图 7-1 所示；经分析确认是 RAID 硬盘故障（硬盘亮黄灯），如图 7-2 所示。

（2）故障影响：因设备做了热备，因此本案中 RAID 故障不影响 LC 业务正常运行。

（3）原因分析：据 RAID 厂家分析为正常损坏，该机型也曾经出现过多个硬盘依次损坏的现象，因有热备盘，所以对业务程序运行暂不会影响，但如果两块硬盘同时故障会造成很大的影响。

（4）解决办法如下所述。

①为防止两块硬盘同时损坏造成数据丢失，须在 HDISK1 数据同步完成后将 LC 数据库数据全部备份。

②安装 IBM 的 RAID 管理软件，增加状态监控措施。

③加强日检，增加双岗机房内设备状态确认频率。

图 7-1　服务器巡检报错界面　　　　图 7-2　RAID 硬盘灯黄色显示

第二节　车站计算机系统典型故障案例

一、SC SVR

（一）LC WS 无法正常监控某车站的终端设备状态

（1）故障现象：LC WS 无法正常监控某车站的终端设备状态。

（2）原因分析：厂家进行车站 TVM 软件升级测试时，为了便于测试，修改了监控本站的 LC 端口号，升级成功后验证设备无异常，随即进行全线 TVM 升级，但升级结束后未将监控站的 LC 端口号恢复原设置。

（3）解决办法：将监控站的 LC 端口号恢复为原设置。

（二）SC SVR 硬盘故障

（1）故障现象：对 SC SVR 进行年检，开始作业前先检查服务器各指示灯状态，发现一块硬盘指示灯呈黄绿色交替状态（预告警），错误代码为"PDR1001 falut detected on drive 0 in disk drive bay 1.check drive"，主机背部告警灯呈黄色，预示硬盘有故障，年检作业停止。通过检查服务器 AFC 的业务进程、数据库实例和监听、上下位的连接情况判断故障的级别,最后得出本次故障除了一块硬盘告警外其他均正常工作。

(2)故障影响:本次故障时,SC SVR、工作站均可正常工作,并未对运营造成影响。

(3)原因分析:厂家初步判定为磁盘有坏道,因服务器的自检功能,其检查出异常时会进行预报错,呈蓝黄灯交替状态。

(4)解决办法如下所述。

巡检人员发现问题并确认故障级别,上报直属领导工程师,描述清楚 SC SVR 硬盘故障的现场情况,并向生产调度询问此类情况是否符合请求临时抢修计划的条件,如果生产调度回复条件不满足但可按故障处理,则与该站客运人员协商处理时间并完成故障的处理。

①与客运协调好故障处理时间后,将实际情况反馈给领导,待领导安排厂家在既定的时间范围内对故障进行处理。

②经沟通需要更换硬盘,则在更换硬盘后进行检查,若 SC SVR 硬盘指示灯呈绿色(处于正常状态),服务器进程、数据库状态、与上下位连接状态均正常,SC 工作站查询报表和数据验证都正常,则说明故障修复。

(5)解决办法如下所述。

①加强设备监控,加强对各站现场真实情况的巡检频次和力度,发现异常及时向 AFC 调度反馈。

②提取相关日志,待厂家分析后将实际情况及真实原因做详细记录,并出具分析报告。

③联系厂家对已拆除的故障硬盘进行相应处理。

二、SC 工作站

(一)SC 工作站升级故障

(1)事件描述:SC 工作站升级。

升级待解决问题如下所述。

①钱箱管理中批量清点纸币,需 100、50、20、1 默认赋值 0。

②钱箱管理中库存调整时,单个清点纸币,需 100、50、20、1 默认赋值 0。

③配置文件连接 db 字符串加密。

④安装工具程序及配置文件修改。

⑤票箱、库存、钱箱注册时,对票箱、库存、钱箱做记录。

⑥ ftp 密码修改。

⑦发送设备控制命令打印日志。

⑧设备故障信息查询修改。

⑨配置文件 afcws.exe.config,autoupdate.exe.config ftp 密码加密。

⑩对车票库存做修改。

(2)故障现象:进行车站工作站全线升级操作后,发现部分车站出现纸币找零箱不能清点、不能补充票箱的现象。

(3)故障影响:影响客运提交电子报表,但有手工报表辅助,所以对正常运营业务没有影响。

(4)原因分析:软件增加钱箱和票箱,在清点结算时,新增的钱箱和票箱默认补零,但是要求所有票箱和钱箱要经过清点初始化,由于前天运营结束后有的车站没有清点票箱和钱箱(事先不知道会导致故障),所以在升级完毕后在读取初始数据时会发生异常,导致软件故障。

(二)SC工作站无法生成报表

(1)故障现象:车站工作站无法生成各类交易报表。

(2)故障影响:车站工作站无法生成报表,影响车站工作站运营报表的查看和使用。

(3)原因分析:此类故障的出现一般情况下都是因为报表工具的配置出现问题或工作站升级时报表工具出现问题导致的,因此我们在做其他故障的处理或检修时一定要注意软件工具的配置情况是否有改动。避免误操作导致故障的发生。

(4)解决办法如下所述。

①进入"运行"界面,输入"cmd"后,重启报表服务即 net stop frs;net start frs,然后,重新生成报表,看能否生成。

②重新卸载报表,再安装报表,查看是否能再次生成报表,操作步骤如下所述。

a. 卸载:cd D:\Founder\AFCWS\FouderReport\report\binuninstall.bat。

b. 安装:cd D:\Founder\AFCWS\FouderReport\report\bininstall.bat。

③查看报表工具的配置是否正确,如有问题进行修改,以此来解决此问题。

第三节 供电系统典型故障案例

一、故障设备

UPS。

二、故障现象

发现故障时,UPS 状态指示灯全部闪烁(图 7-3)。按下按钮后,显示器背光灯点亮,屏幕显示内容全部变为雪花状,模糊不清。蜂鸣器间歇性鸣叫。出现此故障 1h 后,UPS 又恢复为正常工作状态。

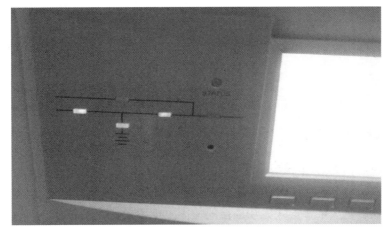

图 7-3　UPS 故障现象显示

三、故障影响

由于 UPS 还未停止工作,所以机房设备并没有发生断电事故,但存在安全隐患。若 UPS 出现问题,有可能造成 UPS 供电不稳,而使设备造成损坏。还有可能当主回路断电时,电池不能供电,造成服务器断电。致使全线设备维护界面不能登录,储值卡不能充值等一系列问题。

四、发生原因

该故障是由于监控面板程序出现混乱死机,但逆变还在工作所导致,不影响正常使用,但为了防止隐患演变为故障,可以通过更换监控面板的方法解决该问题。

五、故障处理方法

通过更换监控面板达到对该故障的解决。而为了预防该类事件的再次发生,可通过以下方法解决。

出现类似监控面板显示异常,首先检查逆变器是否正常工作。用数字万用表测量 UPS 输出电压是否稳定在 220V±0.5V,输入电压与输出电压是否相同(相同,则表示逆变器不正常工作;不相同,表示逆变器正常工作)。若逆变器工作正常,则暂时不进行处理,等待厂家进行维修;若逆变器停止工作,则可采用不影响设备正常运行、重启 UPS 的方式复位监控面板。

第四节 车站终端设备典型故障案例

一、TVM

（一）纸币模块无法连接

(1) 故障现象：TVM 纸币模块连接不上。

(2) 故障影响：TVM 暂停服务，设备不能售票，影响运营。

(3) 发生原因：造成纸币模块无法连接的原因是纸币模块无供电；纸币模块通信线出现问题；工控机串口问题导致无法与上位通信；系统本身文件丢失。

(4) 故障处理方法：首先检查该模块供电是否正常，保险是否完好无损，如果经检查发现是保险问题导致，更换保险即可解决问题；检查纸币模块通信线连接情况，从而确定是否为通信线本身问题，如果是，更换通信线解决问题；检查工控机的串口是否有损坏，如果是串口问题，更换工控机即可解决问题；检查是否由于系统本身文件丢失导致该问题，如果是，通过镜像还原系统的方法解决该问题。

（二）TVM 死机

(1) 故障现象：TVM 不能进行任何操作。

(2) 故障影响：影响乘客买票、客运值班员补票、钱款等的操作；导致交易数据丢失。

(3) 发生原因：损坏的磁盘内存文件导致 TVM 死机，需要将已损坏文件彻底删除。

(4) 故障处理方法：杀掉 TVM 进程，进入 D、E 盘，给 D、E 盘的 TVM-data 文件夹重新命名，例如 TVM-data1（D 盘），TVM-data2（E 盘）；重新启动 TVM 程序，待程序启动完毕后，再次杀掉 TVM 的程序，然后进入 D、E 盘，这时 D、E 盘都会自动生成一个新的 TVM-data，然后把 E 盘原有的 TVM-data2 里的三个文件复制出来（data，message，data-cut），粘贴到 E 盘新生成的 TVM-data 里；重新启动 TVM 程序，等程序自检完成后，输入工号，确认故障解除，设备恢复正常。

二、AGM

（一）AGM 不能自动唤醒

(1) 故障现象：在开始运营时间，AGM 不能自动唤醒，显示暂停服务。

(2) 故障影响：导致全站乘客不能正常进出站，影响了客流，降低了设备运营效率。

（3）发生原因：AFC 系统的终端设备（包括 AGM、TVM、TCM）每日运营结束后会自动休眠（休眠后设备主要模块都断电，只保留工控机的网卡供电），次日早上 4 点半由 SC 服务器逐台下发唤醒命令，之后设备逐台唤醒，终端设备的网卡收到唤醒命令后启动设备，正常情况约次日早上 5 点，设备都会启动完成。

唤醒命令使用 UDP 协议下发，因数据包通信延迟，多台设备同时收到唤醒命令，之后收到命令的设备在一个很短的时间内同时启动，造成瞬时电流过大，导致未唤醒的闸机网卡电压不稳，致使设备的 MAC 地址存储文件丢失，存储文件丢失后，服务器的唤醒列表中将丢失该设备，使得 UDP 协议在下发命令时将无法获取未唤醒设备的 MAC 地址，不能将唤醒命令发送到未唤醒的设备端，所以无法唤醒设备。

经过多次对设备功能验证等测试，判定为设备偶发故障。

（4）故障处理方法：在影响运营的情况下，以最短的时间对不能自动唤醒的设备进行手动重启操作，并且下发开始运营命令，使设备进入正常的运营模式；在不影响正常运营的情况下，对不能唤醒的设备进行自动和手动唤醒测试，经多次测试，如果正常，则临时解决该问题，如果不正常，需要反馈厂家，通过分析日志，判断错误出处，并找出合理的解决办法。

（二）全站闸机进入紧急模式

（1）故障现象：AFC 系统全站闸机进入紧急模式，在无人工操作 IBP 盘和工作站的情况下，全站 AGM 扇门自动打开，进入紧急放行模式。

（2）故障影响：如果全站 AGM 一定时间段内处于紧急模式，则会导致站内乘客流动混乱，多出现逃票现象，影响收益。且在乘客通过闸机时，失去安全保障，有可能扇门紧急释放，则会导致乘客受伤。

（3）原因分析：经相关厂家分析确认，该故障是由于与 FAS 相关的 AFC 紧急线路未按设计接到控制柜控制模板下端，而是接在墙壁主控制箱的控制端，故造成控制柜控制模块断电后，紧急线路仍接在 24V 的控制电源端。此时，当 FAS 作业需断电后，也即切断了给 AFC 专业紧急控制盒供电的电源，导致全站 AGM 进入紧急模式。

（4）解决方法：按照既定的接线说明，将 AFC 紧急控制线正确接在 FAS 控制柜控制模块下，问题得到解决。

三、BOM

（一）全线 BOM 无法充值一卡通

（1）故障现象：全线 BOM 不能完成对一卡通的充值操作。

（2）故障影响：本次故障，全线 BOM 无法针对一卡通进行充值，虽其他设备可正常运转,但在大客流情况下,一卡通长时间充值不成功会对运营造成一定的影响,且影响乘客服务质量,甚至可能引起乘客投诉。

(3)发生原因:

①BOM 一卡通充值数据服务器故障;

②一卡通公司对 BOM 的充值进行了上额限制,如果充值金额达到了上线,则会导致无法充值的问题;

③通过对系统设备、SC、LC 及 ACC 局域网进行快速排查,确认正常,排除 AFC 系统设备问题。在检查 LC 与一卡通加密机通信时,网络不通,初步判定为"ACC 与一卡通加密机网络连接不通"问题导致。

根据 ACC 值班人员回复分析确定为一卡通在调试与 ACC 的通信接口时造成全线 BOM 不能充值。

(4)故障处理方法:

①如果是由于一卡通充值数据服务器故障导致,则处理方法为:在 BOM 工作站上运行 ping+ 设备 IP 检查 AFC 终端设备、SC 服务器、LC 服务器之间的网络连接状态是否正常,确认网络连接状态均正常。在工作站上运行 ping+ 一卡通加密机 IP 地址,检查其与一卡通接口连接状态是否正常,确认网络状态正常。通过电话询问一卡通公司,最后确认是一卡通服务器故障所导致。

②如果是由于一卡通公司进行了上限额度的充值限制,则处理方法为:建议有关业务接口部门、ACC 与一卡通公司进行相关的交流,使各项业务及故障现象开明化,同时对我们进行与一卡通相关业务、数据交互、常见故障分析等情况的培训,这样不但避免一卡通反复排查自身问题,而且可以使我们更好地协作配合一卡通提高此类问题的处理效率。

③如果是由于一卡通在调试与 ACC 的通信接口时导致,则要求一卡通公司在实施与地铁 AFC 系统相关业务的调试、测试时,需事先通报地铁相关业务部门,通过地铁相关业务部门与集成商评审确认后再实施。

四、TCM

(1)故障现象:显示器黑屏。

(2)原因:液晶显示器背光灯供电高压电源板烧坏,导致显示器无背光源黑屏。

(3)处理方法:更换高压电源板,打开电源修复。

附录 城市轨道交通自动售检票系统检修工考核大纲

序号	分类	章	节	考核内容	掌握程度	考核形式
1	基础知识篇	一	一	城市轨道交通自动售检票系统简介	了解	笔试
			二	城市轨道交通自动售检票系统功能	了解	笔试
			三	城市轨道交通自动售检票系统现状及发展趋势	熟悉	笔试
			四	城市轨道交通自动售检票系统主要技术标准	了解	笔试
		二	一	清分中心系统	熟悉	笔试
			二	线路中心计算机系统	熟悉	笔试
			三	车站计算机系统	掌握	笔试
			四	车站终端设备	掌握	笔试
			五	车票	熟悉	笔试
			六	培训系统	熟悉	笔试
			七	维修系统	熟悉	笔试
2	实务篇	三	一	自动售检票设备巡检流程及方法	掌握	笔试
			二	线路中心设备维护	熟悉	笔试+实操
			三	车站计算机系统设备维护	精通	笔试+实操
			四	车站终端设备维护	精通	笔试+实操
		四	一	常用维修工具	熟悉	笔试+实操
			二	常用仪器仪表	熟悉	笔试+实操
		五	一	线路中心设备常见故障处理	熟悉	笔试+实操
			二	车站计算机设备常见故障处理	精通	笔试+实操
			三	供电系统设备常见故障处理	精通	笔试+实操
			四	紧急系统常见故障处理	精通	笔试+实操
			五	车站终端设备常见故障处理	掌握	笔试+实操
		六	一	BAN572纸币模块测试平台搭建	熟悉	笔试+实操
			二	扇门IAP及固件下载	熟悉	笔试+实操
			三	TPU程序下载	熟悉	笔试+实操
			四	读写器测试平台搭建	熟悉	笔试+实操
			五	Linux平台TSM服务器搭建	熟悉	笔试+实操
		七	一	线路中心设备典型故障案例	熟悉	笔试+实操
			二	车站计算机系统典型故障案例	掌握	笔试+实操
			三	供电系统典型故障案例	掌握	笔试+实操
			四	车站终端设备典型故障案例	掌握	笔试+实操

参 考 文 献

[1] 章晟嵘.国外高速铁路AFC系统对我国客专的借鉴研究[J].数字技术与应用,2010, 1(1):94.

[2] Andre Ampelas Automatic Fare Collection 2001 IEEE Intelligent Transportation System. Proceedings.ITSC.2001.1164-1166.

[3] 胡鑫.AFC系统及相关网络技术研究[D].天津:天津大学电子信息工程学院,2013:2-3.

[4] 邓先平,陈凤敏.我国城市轨道交通AFC系统的现状及发展[J].都市快轨交通,2005, 6(3):18.

[5] 程昱.浅谈地铁AFC系统应用及发展[J].中国新通信,2012,14(10):43-45.

[6] 中华人民共和国国家标准.GB 50381—2010.城市轨道交通自动售检票系统工程质量验收规范[S].北京:中国计划出版社,2010.

[7] 中华人民共和国国家标准.GB/T 20907—2007.城市轨道交通自动售检票系统技术条件[S].北京:中国标准出版社,2007.

[8] 中华人民共和国行业标准.CJJ/T 162—2011.城市轨道交通自动售检票系统检测技术规程[S].北京:中国建筑工业出版社,2011.

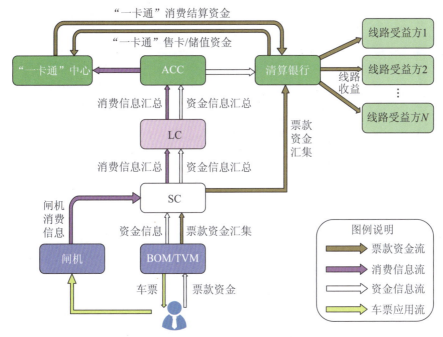

图 2-3 ACC 系统数据流示意

图 2-6 服务器

图 2-7 ACC 系统存储设备—磁带库

图 2-8 ACC 系统网络设备—交换机

图 2-9 读写器

图 2-10 UPS

图 2-11 ES

图 2-12　制票设备　　　　图 2-13　票卡清洗设备　　　　图 2-14　测试仪表设备

图 2-19　核心服务器　　　　图 2-20　磁盘阵列　　　　图 2-24　磁带机

图 2-25　应用程序服务器

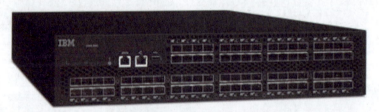

图 2-26　光纤交换机

图 2-34　紧急控制盒端口

图 2-42 TVM 前面板布局

图 2-46 储值票插卡装置

图 2-47 后维修面板模块

图 2-48 打印机

图 2-49 纸币找零模块

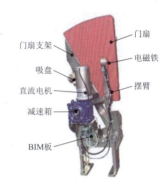
图 2-54 扇门外观示意

图 2-55 方向指示器外观

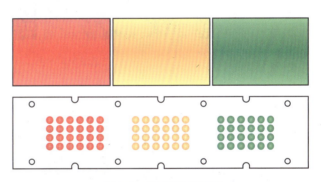
图 2-56 警示灯外观示意

图 2-57 蜂鸣器外观

图 2-60 TCM 外观示意

图 3-1 服务器故障时的指示灯

图 3-8　清洁设备外壳、面板

图 3-9　检查线缆、接插件　　　　　　　　　　图 3-14　磁带库

图 3-15　磁带库状态指示灯　　　　图 3-18　检查应用服务器状态指示灯

图 3-19　检查应用服务器供电　　　　图 3-25　清洁应用服务器表面

图 3-26　应用服务器紧固插件

图 3-30　设备内部清洁

图 3-31　服务器检修

a) 防火墙　　　　　　　b) 入侵检测

c) 核心交换机　　　　　d) 光电转换器

图 3-32　核心交换机

图 3-33　网络设备指示灯

 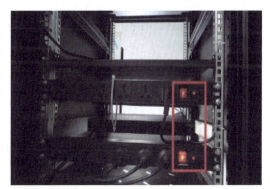

图 3-34　检查交换机供电

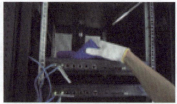

图 3-41　清洁网络设备表面灰尘

图 3-42　检查网络设备线缆

图 3-45　检查网络设备端口号

图 3-46　检查线缆水晶头

图 3-47　清洁网络设备表面

图 3-48　清洁网络设备滤尘网

图 3-49　紧固线缆接插件

图 3-51　网络交换机电源、端口状态指示灯

图 3-52　SC SVR 指示灯

图 3-53　紧急控制盒指示灯

图 3-54　清洁服务器机柜设备

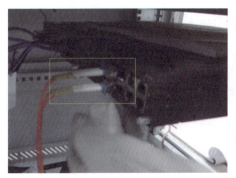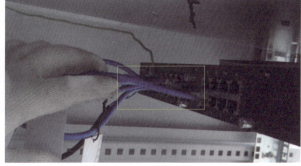

图 3-55　检修三层交换机

图 3-56　检查紧固件、接插件

图 3-57　清洁服务器机柜内部

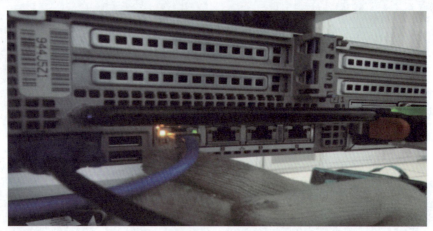

图 3-58　检修 SC SVR

图 3-59　检修三层交换机

图 3-60　检修紧急控制盒

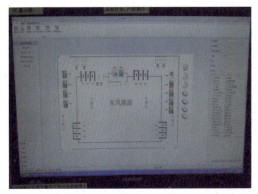 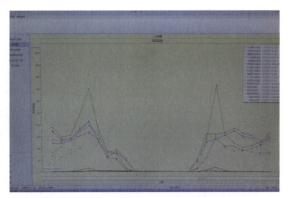

图 3-61　SC 工作站日检

图 3-62　清洁工作站

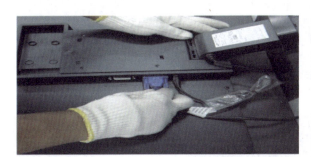 

图 3-63　检查工作站紧固件、接插件

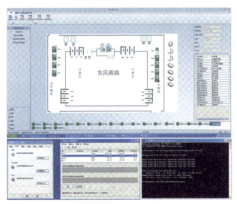

图 3-64　工作站功能检测

图 3-65　清洁工作站内部

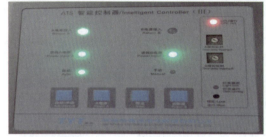

图 3-67　检查配电箱　　　　　　　　　图 3-68　查看 UPS 主机状态

图 3-69　检查电池状态

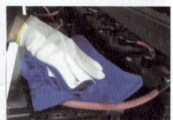

图 3-70　清洁 UPS 设备外观

图 3-71　清洁配电组

图 3-72　检查设备功能

图 3-73　清洁、检查 UPS 外部

图 3-74　检修配电组

图 3-75　紧固配电组接线端子

图 3-76　检测设备功能

图 3-77　检修 UPS

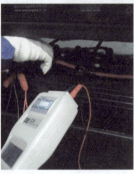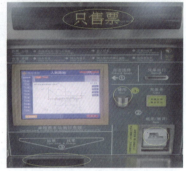

图 3-78　测试电池放电　　　　　　　　图 3-79　显示器日检

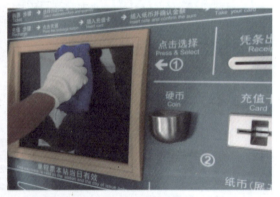

图 3-80　清洁乘客显示屏

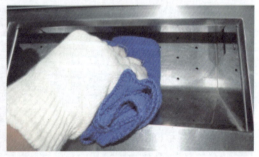

图 3-81　清洁出票口、退币口

图 3-82　清洁投币口

图 3-83　清洁 TVM 内部

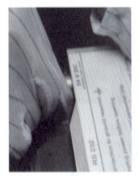   

图 3-84　清洁纸币处理模块

图 3-85　清洁与检查发卡模块

图 3-86　清洁与检查硬币模块

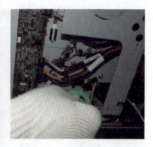

图 3-87　清洁纸币找零模块

图 3-88　测试 TVM 功能

图 3-89　车票发售模块季检

图 3-90　纸币处理模块季检

图 3-91　硬币处理模块季检

图 3-92　纸币找零模块季检

图 3-93　打印机季检

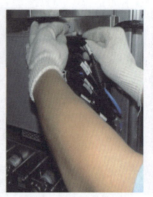

图 3-94　控制板、紧固件季检

图 3-95　TVM 功能测试季检

图 3-96　发卡模块年检

图 3-97 纸币处理模块年检

图 3-98 硬币模块年检

图 3-99 纸币找零模块年检

 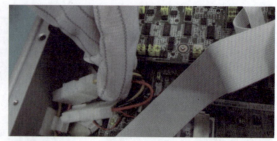

图 3-100　工控机年检

图 3-101　读卡器年检

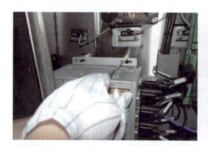  

图 3-102　紧固件插接件年检

 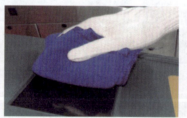 

图 3-104　清洁 AGM 维护显示屏

图 3-105　清洁 AGM 内部

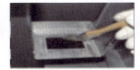

图 3-106 车票回收模块月检

图 3-107 AGM 扇门月检

图 3-108 AGM 功能测试

图 3-109 票卡回收模块季检

图 3-110 扇门模块季检

图 3-111　二层交换机季检

图 3-112　控制板清洁及紧固件季检

图 3-113　票卡回收模块年检

图 3-114　扇门模块年检

图 3-115　二层交换机年检

图 3-117　清洁 BOM 内部

  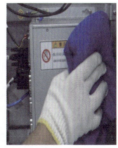 

图 3-118　TCM 月检（清洁）

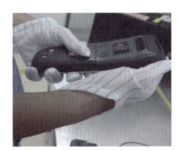  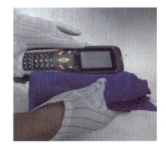

图 3-119　检查 PCA 完好性

图 3-121　检查 SIM 触点　　　　　　　　　图 3-122　检测电池

 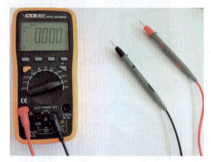

图 4-1　电压测量　　　　　　　　　　　　图 4-2　电流测量

图 4-3　电阻测量示意　　　　　　　　　　图 4-4　二极管测量示意

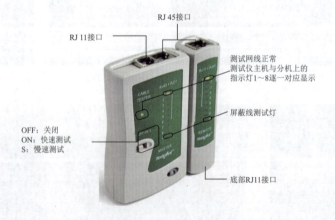

图 4-5　网线测试仪

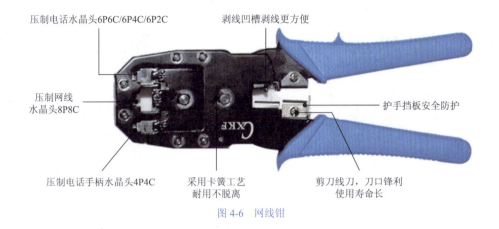

图 4-6　网线钳

1. 将线头放入专用剪口处，稍微用力一剪。

2. 取出线头，线背剥开，理清线序。

3. 将网线剪齐。

4. 将网线插入水晶头，并且检查网线。

5. 将水晶头放入相应钳口，用手。

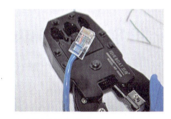

6. 压制水晶头完成。

图 4-7　网线钳制作水晶头的步骤

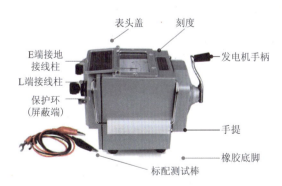

图 4-8　兆欧表

图 4-10　蓄电池内阻测试仪

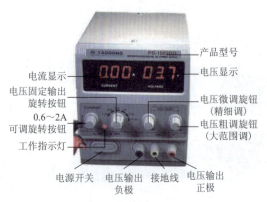

图 4-11 可调稳压电源

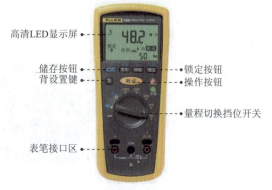

图 4-12 接地电阻测试仪

图 6-16 读写模块

图 6-17 设置下载参数

图 7-2 RAID 硬盘灯黄色显示

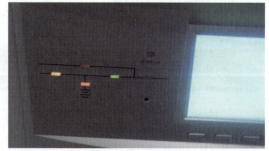

图 7-3 UPS 故障现象显示